Lc 49.249.

L.

VOYAGE
A REIMS.

PARIS, IMPRIMERIE DE LEBEL,
Imprimeur du Roi, rue d'Erfurth, n° 1

VOYAGE A REIMS,

A L'OCCASION

DES SACRE ET COURONNEMENT

DE SA MAJESTÉ CHARLES X;

Précédé d'une Notice historique

Sur la Ville de Reims.

PAR A. J. B. BOUVET DE CRESSÉ.

« Vers le sacré parvis, où l'attend la couronne,
« Qui s'avance?... Un grand Roi que la gloire environne.
« C'est Charles X, l'amour et l'espoir du soldat,
« Le soutien de la Charte, et le chef de l'Etat. »

BOUVET.

PARIS,
DABO JEUNE, LIBRAIRE,
RUE SAINT-ANDRÉ-DES-ARCS, N° 35,
au coin du passage du Commerce.

1825.

PRÉFACE.

C'est à l'aide de vingt-deux cartes particulières, et de nombreux renseignemens puisés dans Moréri, Bayle, Expilly, le P. Lelong, D. Coutans, savant bénédictin de la congrégation de Saint-Maur, et Anquetil, auteur impartial d'une Histoire de Reims, bien supérieure à tout ce qu'ont écrit sur le même sujet, Marculfe, Flodoard, Grégoire de Tours, Loysel, Louvet, Chifflet, Tennevrius et Lesueur, que nous avons fait notre Voyage à Reims, à l'occasion des sacre et couronnement de Sa Majesté Charles X (1).

On peut croire à la vérité de ce que

---

(1) N'en doutons pas, en recevant l'onction sacrée, Charles X recevra aussi la plénitude des grâces qu'elle confère. A la piété éclairée de Louis IX, à la sagesse de Charles V, à la bonté et à l'affection pour ses peuples qu'avait Louis XII, il joindra la valeur, le courage, la fermeté de Henri IV, et la sagesse de Louis XIII; en un mot, il réunira en lui seul tous les glorieux attributs que ces grands rois, dont il descend, n'ont fait que partager. Le commencement de son règne est du plus heureux présage, et chaque jour affermit encore de plus en plus l'espérance de la nation.

nous avançons, car, non content d'avoir tracé dans le cabinet le plan de notre itinéraire, nous avons encore voulu vérifier sur les lieux, et à pied, ce qui, dans notre narration, pouvait intéresser et la partie historique et monumentale, et la partie topographique des départemens que nous avons traversés.

Nous pouvons nous être trompé quelquefois; cela cependant aurait lieu de nous surprendre, ayant seulement parlé des sites que, jeune encore, nous avons connus dans le plus grand détail, et que, depuis, nous avons voulu revoir, pour notre propre satisfaction.

Au reste, l'ouvrage est imprimé, et

c'est au public, seul juge compétent, à prononcer. Quel que soit d'ailleurs son jugement, nous disons d'avance que, favorable ou défavorable, nous en sommes content. Puisse cette candeur nous mériter son suffrage, et prouver la pureté de nos intentions !

> Nunc est bibendum, nunc, pede libero
> Pulsanda tellus. . . . .
>
> HORAT.

> Amis, c'est maintenant qu'il faut boire à plein verre,
> Venez, c'est aujourd'hui qu'il faut frapper la terre
> d'un pied libre et joyeux.
>
> PIERRE DARU.

Vive ut le Roi, la France et le vin de Champagne !..

BOUVLT DE CRESSÉ.

Puisque nous avons parlé du vin de

Champagne, terminons cette préface par l'histoire de disputes moitié sérieuses, moitié badines, survenues à l'occasion des vins de Bourgogne et de Champagne, et, pour mettre le public à portée de juger en toute sûreté de conscience, rapportons les pièces du procès.

Bénigne Grenan, professeur au collége d'Harcourt, a publié une ode latine en faveur du vin de Bourgogne. Coffin, professeur du collége de Beauvais, a répondu à cette ode par une autre ode latine en faveur du vin de Champagne.

Coffin adressa son ode, à Reims, au conseil de ville, qui lui envoya quatre douzaines de flacons de vin rouge et gris. Il répondit gaiement au conseil de ville, que la question était décidée entre la Champagne et la Bourgogne, et que désormais il prendrait le pas sur son adversaire, idée qu'il a très-bien rendue dans le quatrain suivant :

Par un si beau présent on vide la querelle :
Mettez les armes bas, Bourguignons envieux,
   Et confessez que l'ode la plus belle,
     Est celle qu'on paie le mieux.

* TRADUCTION DE L'ODE DE GRENAN SUR LE VIN DE BOURGOGNE.

« O bouteille de Bourgogne ! autour de laquelle voltigent le badinage, la

* Les personnes qui voudront lire la pièce de Grenan et celle de son adver-

santé au visage frais et fleuri, les ris et l'amour innocent, je veux te chanter ! Tu es une maîtresse habile en éloquence, tu éclaires et instruis l'ignorant, à qui le travail le plus assidu pourrait à peine donner quelques connaissances. Loin de toi le noir et farouche souci ! ta force puissante est capable de briser les chaînes cruelles de l'affreuse pauvreté ! On a beau préparer les mets les plus riches et les plus recherchés, sans toi la main la plus sa-

saire dans le texte latin, les trouveront avec plusieurs autres dans les œuvres de Coffin. Tous les morceaux relatifs à cette dispute bachique, mais de bon ton, ont été imprimés sous le titre de : « *Recueil de poésies latines et françaises sur les vins de Bourgogne et de Champagne.* » Paris, 1712, chez la veuve Thiboust.

vante ne pourra leur donner une douce saveur.

» Que les Rémois cessent de nous vanter leur vin. Il pétille, il est vrai; il fermente, il bouillonne, il éclate, et, par son odeur pénétrante, picote les narines avides; mais il recèle un poison dans son sein : bien des gens en ont été victimes; cependant, je veux bien qu'il répande ses dons au dessert, en petite quantité.

» Pour toi, ô Bourgogne! nourricier des vieillards, tu sais flatter leur goût et ranimer leur langueur par ton lait bienfaisant. Comme tu sais rendre toute la vigueur de la jeunesse aux membres affaiblis! Un poète sent-il refroidir sa verve? cette fécondité de génie, qui lui prodiguait ses trésors, vient-elle à se ralentir? préférable à l'Hippocrène, tu réveilles sa muse endormie, tu lui rends de nouvelles forces, tu lui inspires des vers sublimes.

» Qu'a-t-on besoin pour la guerre du son rauque de la trompette? le vin produit plus d'effet. Le soldat farouche y puise de nouvelles forces; celui qui est altéré, traîne avec peine ses membres à la mort. Mais c'est assez parler du cruel Mars.

» Plus propre aux jeux et aux danses, ô bouteille aimable! ramène par ton doux nectar la paix trop lente. Déjà tes dons enrichissent nos tables heureuses; déjà, dans nos villages, la jeunesse riante, de larges verres à la main, oublie les malheurs de la guerre.

a..

» On peut reprocher aux autres vins de nuire à l'estomac, à celui-ci d'attaquer les nerfs, à celui-là, hôte perfide, de faire mal à la tête; pour toi, ô Bourgogne! tu rétablis et la tête et les nerfs; et la médecine ne chasse pas les tristes maladies avec autant de rapidité que le fait ta liqueur, fille de la vigne salutaire.

» Le sommeil, fuyant d'une aile rapide, est sourd aux prières les plus pressantes; quelques gouttes de ta liqueur suffisent pour ramener ses pavots bienfaisans. Mais regardons comme un crime de n'être pas modéré dans l'usage du vin. Qu'il craigne ta vengeance, celui qui abuse de tes faveurs!

» O doux Bourgogne! continue de

soutenir la santé du Roi par tes sucs vivifians ; dès lors, la France heureuse ne redoute plus aucun danger. Que tous les vins de l'univers te cèdent la victoire : sois l'honneur de la table du Roi, et le plus sûr gardien de sa santé ! »

TRADUCTION DE L'ODE DE COFFIN.

LA

CHAMPAGNE VENGÉE,

OU

ÉLOGE DU VIN DE CHAMPAGNE, ATTAQUÉ ÉLÉGAMMENT, MAIS A TORT, PAR UN POÈTE BOURGUIGNON.

« O noble bouteille ! dont la liqueur est née sur le sol rémois, viens recevoir les honneurs qui te sont dus; viens, et pleine de vie, redouble les forces d'un poète champenois.

» Suis-je le jouet d'une agréable erreur? une douce chaleur pénètre-t-elle mes veines? et la liqueur reçue dans leur sein fait-elle entrer en moi le dieu des vers?

» Autant l'humble vigne est supérieure aux arbres les plus orgueilleux, autant le vin de Reims est au-dessus des vins les plus généreux de tout l'univers.

» Vins de Massique, chantés par Horace, cédez au Sillery! Falerne mêlé au Chio, ne sois pas assez audacieux pour le disputer au vin d'Ay!

» Voyez comme sa liqueur, aussi brillante que le verre, s'élève en pétillant sous la forme de perle ; comme sa vapeur trahissant ses sucs secrets, vient agréablement chatouiller les narines ; comme sa mousse, trouble et blanche, ainsi que le lait, recouvre tout-à-coup son premier éclat par un doux frémissement !

» Ces vins n'ont ni une froideur insipide, ni une chaleur nuisible. Ils flattent autant le palais par la délicatesse de leurs sucs, qu'ils plaisent à l'œil par leur netteté.

» Quoi qu'en dise la maligne envie, ils ne cachent point sous un doux poison des sucs trompeurs et pernicieux. les vins de Champagne ont la franchise (1) naïve des Champenois ; ils ne

---

(1) Le Français gai ressemble a son vin de Champagne.

ARMAND CHARLEMAGNE.

troublent point les fonctions de l'estomac; ils n'appesantissent point la tête par une épaisse fumée; mais, s'insinuant avec facilité dans toutes les parties du corps, ils ne laissent dans les reins, ni les germes de la pierre, ni n'excitent le repentir par la goutte, qui engourdit les ressorts des jointures.

» Aussi, dès que la brillante bouteille de Champagne paraît au dessert (car il est juste d'épargner une liqueur aussi précieuse), arbitre de la joie, elle déride les fronts les plus austères; on se plaît à vider les verres; le convive joyeux répand les bons mots; il dédaigne tous les autres vins, il les rejette loin de lui.

» Cependant, ô vin de Bourgogne! je suis loin de te refuser les éloges qui te sont dus, pourvu que, content du second rang, tu cèdes le premier au vin rémois : tu rétablis les corps épuisés par la maladie; ta douceur moelleuse console et réchauffe la débile vieillesse; car, de chasser les noirs soucis, de donner de la valeur au soldat, c'est un faible avantage que le plus mauvais vin peut s'attribuer.

» O Anglais! traversez la mer qui nous sépare (le traité de paix commencé vous le permet). Pourquoi sans cesse épuiser vos forces dans les fureurs de la guerre? qu'il vaudrait bien mieux charger gaiement vos vaisseaux de vins rémois, et emporter chez vous des dépouilles mille fois plus précieuses que de funestes trophées!

» Que le poète qui, dans des vers insolens, tentera de dire du mal du vin de

Champagne, soit réduit à boire du cidre, ou à se sentir le gosier gratté par le vin épais et dur d'Ivry ! »

Quoique notre intention première n'ait été que de tracer, dans le plus grand détail, la route de Paris à Soissons, et de Soissons à Reims, nous croyons cependant utile, dans l'intérêt du lecteur, au moment surtout où Charles X va ceindre la couronne et recevoir l'onction sainte, de rappeler quelques faits arrivés au sacre de Louis XVI.

Donnons d'abord un échantillon de la dépense du sacre, et bornons-nous à dire que, comme on savait que la Reine devait assister à la cérémonie, et que cette cérémonie serait très-longue, on avait bâti dans l'église un appartement complet pour cette princesse, attenant à la tribune qui lui était destinée, et si complet, qu'il s'y trouvait jusqu'à une salle des gardes.

Il fallut abattre, à Soissons, une porte de la ville, par où le carrosse du Roi n'aurait pu passer, à cause de sa hauteur, qui était de dix-huit pieds; et l'on reconstruisit sur la route les divers ponts qu'on y voit encore.

Ces différens ouvrages se firent par corvées, et les malheureux paysans qui y travaillèrent, dès qu'ils voyaient de loin un voyageur, s'agenouillaient, levaient les mains au ciel, et les ramenaient vers leur bouche comme pour leur demander du pain.

La route de Reims était battue comme les rues les plus fréquentées de Paris, et il y avait vingt mille chevaux de poste continuellement en course.

Cependant, il ne se trouva point à la cérémonie autant de monde qu'on l'aurait cru, et, quoiqu'elle eût duré depuis six heures du matin jusqu'à deux de l'après-midi, elle ne fut pas, en général, aussi longue qu'elle aurait dû l'être.

On retrancha beaucoup de prières pour ne pas fatiguer Sa Majesté, à cause de la chaleur excessive, et pour donner moins de fatigue au très-vieil archevêque de Reims (1); mais ce qui déplut généralement à la partie saine de la nation, ce fut la suppression de cette partie du cérémonial, où l'on semble demander le consentement du peuple pour l'élection du roi, et, quelque vaine que soit cette formule, on trouva très-mauvais que le clergé se fût avisé de la retrancher, de son chef, et de ne conserver que ce qui le concernait spécialement.

La preuve que le clergé a tout changé et tout bouleversé dans les cérémonies du sacre, c'est que le fameux ser-

(1) Charles-Antoine de la Roche-Aymon, né au château de Mensat, diocèse de Limoges, le 17 février 1697.

ment dit «du royaume,» n'a rapport qu'à l'Église. Louis XVI, en effet, a-t-il juré, le 11 juin 1775, de rendre son peuple heureux, de maintenir les lois fondamentales de l'État, de n'établir que les impôts nécessaires, et de supprimer ceux qui pesaient sur la nation? Non, il a juré « de s'appliquer sincèrement, » et de tout son pouvoir, à exterminer » de toutes les terres soumises à sa do- » mination, les hérétiques nommément » condamnés par lÉ'glise. »

Remarquons aussi que le prélat qui frappe à la porte du roi dit : « Nous » demandons Louis XVI que Dieu nous » a donné pour roi. » Le clergé n'aurait-il pas corrompu ce passage, qui devrait être, « que nous avons choisi » pour roi ? »

Le Roi, le jour de son sacre, fait grâce à un certain nombre de coupables, condamnés par les tribunaux. Une chose, toutefois, qui prouve que la corruption humaine allait, dès cette époque, en augmentant, c'est qu'il n'y avait que cinq cents placets au sacre de Louis XV, et qu'on en comptait quinze mille à celui de Louis XVI.

Il était prescrit dans le réglement fait pour le sacre, que, dans tous les endroits où Sa Majesté devait passer, elle serait reçue au son des cloches, au bruit de l'artillerie, et aux acclamations du peuple, quoiqu'il fût malheureux et

a...

qu'il manquât de pain. Les gens sensés furent bien surpris de ces acclamations futures et commandées d'avance, comme si les sentimens du cœur pouvaient être une chose d'usage et d'étiquette!

Louis XVI partit du château de Versailles, pour son sacre, le 5 juin 1775, dans son carrosse d'apparat (1), attendu que, par un usage au moins bizarre, la cérémonie du sacre est censée commencer à l'instant du départ.

Le 9 du même mois fut le jour de l'entrée du monarque à Reims, et, avant qu'il fît cette entrée solennelle, qui l'offrait aux regards d'un peuple immense, on lui demanda si l'on ta-

(1) Ce carrosse coûta 250,000 francs.

pisserait, selon l'ancienne coutume, les rues par où Sa Majesté devait passer. « Point de tapisseries, répondit-il, je » ne veux rien qui empêche le peu- » ple et moi de nous voir. » Ainsi parlait le bon Henri IV : « Qu'il n'y ait » point de voile entre mon peuple et » moi; laissez-les venir à moi; ils sont » affamés de voir leur roi. » Bravo!....

Le corps de ville précédait à cheval la compagnie des gardes du gouverneur de la province, dont les carrosses, ainsi que ceux des princes du sang, suivaient à la file, et dans lesquels étaient leurs premiers officiers.

Immédiatement après, venaient deux carrosses du comte d'Artois, et deux autres de Monsieur, destinés à leurs principaux officiers, suivis de trois piqueurs et de vingt palfreniers de la petite écurie.

On apercevait ensuite les détachemens des deux compagnies de mousquetaires, ayant à leur tête leurs officiers supérieurs, qui précédaient un carrosse de suite du Roi. Suivaient un détachement des chevau-légers de la garde et un carrosse de service du Roi, dans lequel étaient les seigneurs pourvus des premières charges de la couronne. Il était suivi d'un écuyer de la petite écurie, ainsi que de vingt-huit pages, tant de la grande que de la petite.

Venaient ensuite le vol du cabinet, deux à deux, quatre chevau-légers de la garde marchant de front, et trois écuyers cavalcadours de la petite écurie. Enfin paraissait le magnifique carrosse du Roi, dans lequel était Sa Majesté, Monsieur, le comte d'Artois, le duc d'Orléans, le duc de Chartres et le prince de Condé.

Le duc de Bourbon marchait à cheval, en qualité de gouverneur de la province, ainsi qu'une foule de princes et de seigneurs. On voyait aussi, de chaque côté du carrosse, quatre trompettes de la chambre, vingt-huit valets-de-pied et plusieurs officiers des cérémonies. Deux écuyers de main du Roi suivaient le carrosse de Sa Majesté, et des détachemens de gardes-du-corps et de gendarmes de la garde fermaient cette pompeuse marche.

La ville de Reims, pour marquer à Louis XVI son empressement à le recevoir, avait fait abattre la porte de Paris, dont l'ouverture trop étroite pouvait gêner son entrée, et l'a remplacée par une superbe grille de fer, qui existe encore, et qui sera un monument perpétuel de la glorieuse époque de sa construction.

Au milieu d'une des principales rues, Louis XVI passa sous un arc de triomphe, élevé à sa bienfaisance. Au bout de cette même rue, et pour masquer une porte de la ville, peu agréable à voir, on avait feint un portique de soixante pieds de long, représentant une bourse marchande, avec tous les emblêmes relatifs au commerce, aux manufactures, à l'agriculture et à la navigation.

La Reine ne dédaigna pas de se confondre avec le peuple pour voir son auguste époux. Elle se rendit ensuite dans l'église, afin de prendre part aux vœux de la religion pour un prince chéri, et, ce devoir de piété satisfait, elle revint se placer à une fenêtre qui donnait sur une galerie magnifique, par laquelle le Roi devait se rendre au palais archiépiscopal, où des appartemens avaient été préparés pour le recevoir.

Les cérémonies du sacre des rois de France devant se renouveler pour Charles X, le 29 mai 1825, nous ne donnerons pas à cette préface, peut-être déjà trop longue, une plus grande étendue.

NOTICE HISTORIQUE

SUR LA VILLE

DE REIMS.

Reims, au département de la Marne, est le siége d'un archevêché qui, avant la révolution, avait pour suffragans Soissons, Chaalons (1), Laon, Senlis, Beauvais, Amiens, Noyon et Boulogne, auxquels on joignit Cambrai, Tournai et Arras.

Les anciens ont nommé cette

(1) Ainsi écrit pour le distinguer de Châlons-sur-Saône.

ville *Durocortorum Remorum;* on l'a appelée depuis *Remi*, ou *Remensis civitas*. Située au milieu d'une plaine agréable, où coule la rivière de Vesle (*Vidula*) qui baigne une partie de ses murailles, elle peut se vanter d'être une des plus anciennes et des plus belles cités du royaume.

Reims renferme plusieurs places magnifiques, des rues spacieuses, des maisons bien bâties et de superbes églises. Le territoire de Reims s'appelle le Rémois.

Une des preuves les plus illustres de l'antiquité de Reims, est le célèbre monument qu'on y découvrit en 1677 : c'est un arc de triomphe, qui était autrefois la porte septentrionale, connue sous le nom de Porte-Mars, ou porte de Mars. Cette porte fut comblée de terre et cachée sous le rempart, en 1557, et l'on en bâtit à côté une autre du même nom.

Cet arc est composé de trois arcades ; celle du milieu est appelée l'arcade des Saisons, celle de l'aile droite, l'arcade de Romulus et de Remus, et celle de l'aile gauche l'arcade de Léda. On déterra l'arcade de Romulus en 1595, et l'on découvrit les deux autres en 1677. Dans la voûte de l'arcade des Saisons, on voit quatre enfans représentant les quatre saisons de l'année, et une femme assise au milieu d'eux, qui marque l'abondance.

Les douze mois apparaissent tout autour dans douze tableaux, avec plusieurs ornemens, que le temps, qui ne respecte rien, a détruits en partie. La voûte de l'arcade de Romulus renferme, dans un carré enrichi de trophées, un bouclier représentant Remus et Romulus allaités par la louve romaine, et accompagnés de deux figures tenant chacune un bâton à la main, et dont l'une porte un casque et l'autre une couronne de laurier. Il semble néanmoins que ce doit être le berger Faustulus et sa femme Acca Laurentia, qui, ayant retiré ces enfans de dessous la louve, les nourrirent jusqu'à l'âge de dix-huit ans.

A la voûte de l'arcade de Léda, on voit Léda, mère de Castor et de Pollux, accompagnée d'un cygne et d'un Cupidon tenant un flambeau. Quelques connaisseurs veulent que cet édifice soit un arc de triomphe érigé en l'honneur de Jules-César, lorsque, sous l'empire d'Auguste, on fit les grands chemins des Gaules; d'autres croient que Jules-César l'a fait bâtir lui-même; plusieurs enfin, pensant que l'architecture n'est pas des premiers siècles, attribuent l'édifice à Julien, si improprement surnommé l'Apostat (1), qui l'aurait

(1) Flavius-Claudius Julianus, empereur romain, fils de Jules Constance,

pu faire construire en passant par Reims, lorsqu'il vint à Paris, au retour de ses conquêtes d'Allemagne.

Il est difficile d'assurer d'une manière précise sous quel empereur ce monument a été bâti, puisque non-seulement les têtes du frontispice sont cassées, mais que le lieu même où l'on plaçait anciennement l'inscription

frère de Constantin le Grand, fut à la fois, habile guerrier et bon écrivain. Il avait composé l'histoire de ses campagnes dans les Gaules et dans la Germanie. On ne saurait trop regretter la perte de cette histoire, que les contemporains estimaient presque autant que les Commentaires de Jules-César.

est entièrement ruiné. Tout ce qu'on peut dire de certain, c'est que cet arc de triomphe a été élevé en l'honneur de quelque empereur romain, e tque cela s'est fait après une victoire, dont on voit des marques aux parties extérieure et intérieure de l'ouvrage.

Il existe cependant de fortes raisons de croire que cet arc triomphal a été bâti en l'honneur de Jules-César (1), qui prétendait être descendu d'Iulus, fils d'Énée, et premier roi d'Albe, duquel étaient issus Remus et Romulus, fondateurs de Rome.

(1) Julius, a magno demissum nomen Iulo.

Les douze mois montrent que Jules-César réforma le calendrier et composa l'année que l'on appelle Julienne. Les cygnes, qui ne plongent jamais sous les eaux, rappellent une aventure de César en Égypte, lorsqu'il fut obligé de se jeter à la mer, tout vêtu qu'il était de sa robe de pourpre, et qu'il nagea si heureusement vers une barque qui le reçut, que quelques papiers, qu'il tenait dans une de ses mains, ne furent pas seulement mouillés.

Ce qui porte encore à croire que les figures de Remus et de Romulus marquent le dessein qu'on a eu d'honorer, par ce monument, l'origine de Jules-César, qui tirait son plus beau lustre de la race d'Iulus, fils d'Énée et petit-fils de Vénus, c'est que, au sud de Reims, il y avait un autre arc de triomphe où était représentée Vénus, mère d'Énée; ce second arc est encore en vue, mais plus qu'à moitié ruiné. Il ne reste plus en effet que la voûte de l'arcade du milieu et quelques vestiges des deux autres bâties sous les ailes. Au reste, nous aurions honte de rapporter ici les rêveries de ceux qui osent avancer que Remus a bâti Reims, et celles de quelques autres personnes qui prétendent que c'est un prince gaulois qui en a jeté les fonde-mens. Cela n'empêche pas, au reste, que cette cité ne soit très-ancienne, ce que prouvent assez ses portes, qui ont conservé jusqu'ici le nom de divinités du paganisme, et le fort de César, situé près de la ville.

La métropole de Reims est dédiée à Notre-Dame : on y admire la beauté de son vaste bâtiment et la structure de son portail, le plus estimé de France pour son architecture, pour ses figures et pour ses bas-reliefs, qui en font une pièce achevée.

C'est dans cette église que l'archevêque de Reims sacre les rois de France, de l'huile sainte, conservée dans un petit vase, dit la Sainte-Ampoule, qui, selon quelques auteurs peu croyables, fut envoyée du ciel au sacre de Clovis (1).

(1) Clovis (Chlodoveus). C'est ainsi qu'écrit Grégoire de Tours. Le *ch*, dans ce nom, exprime l'aspiration gutturale des Allemands; c'est donc le même nom que *Lodoveus*, *Lodovichus*, Louis, quoique l'usage de les distinguer ait prévalu. Dans le testament de saint Remi, le roi Clovis est appelé *Hludovicus*. Dans la lettre de Clovis aux évêques des Gaules, on trouve *Clothoweus*. Sur les monnaies, on lit *Chlodoveus* et *Chlodovius*. Les Grecs en ont fait Κλοδαιος (*Clodœus*), et c'est ainsi qu'écrit Agathias. Dans les grandes chroniques de Saint-Denis, en traduisant ce nom en français, on a écrit *Clodovéc*. Théodoric, roi d'Italie, en écrivant au roi Clovis, mettait *Loduix* ou *Lodoix*, parce qu'il suivait la prononciation des Romains d'Italie. Clovis s'avança vers le

La Sainte-Ampoule (1) ap-baptistère; saint Remi, en lui présentant la croix et en versant sur lui l'eau salutaire, lui dit : « Sicambre, baisse la tête, » et, désormais, adore ce que tu brûlais, » et brûle ce que tu adorais. *Procedit no-* » *vus Constantinus ad lavacrum..... cui* » *sanctus Dei fit ore facundo :* « *Mitis de-* » *pone colla, Sicamber, adora quod in-* » *cendisti, incende quod adorasti.* »

(1) Il est certain, d'après le témoignage de saint Remi lui-même, que ce saint évêque, à l'exemple de ce que l'ancien Testament nous apprend des rois juifs, ajouta à la cérémonie du baptême de Clovis celle du sacre, et qu'il oignit Clovis d'une huile bénite; mais la pieuse fiction de cette fiole, apportée du ciel par une colombe blanche, et qui, sous le nom de *Sainte-Ampoule*, a servi au sacre de nos rois, n'a été inventée que trois cent

partenait à l'abbaye de Saint-Remi, de Reims, où se trouvaient

soixante ans après, par Hincmar, évêque de Reims. Cette fiole a été brisée, en 1793, par le conventionnel Ruhl. (Voir Vertot, dans les *Mémoires de l'Académie des Inscriptions*, tome II, page 669.) Cependant Pluche, dans une lettre sur la Sainte-Ampoule, in-12, Paris, 1775, tout en avouant la fiction, observe que la célébrité de cette relique est plus antique que Hincmar, et il présume qu'elle aura été trouvée dans le tombeau de saint Remi.

D'après sa forme, elle ressemble à une de ces fioles que l'on trouve fréquemment dans les tombeaux romains, et auxquelles on a donné le nom de lacrymatoires, d'après l'opinion de Chifflet, mais qui paraissent plutôt avoir servi à contenir les baumes destinés à arroser les cen-

aussi trois autres abbayes, plusieurs églises collégiales, et un

dres des morts. L'ampoule était un vase en usage chez les Romains, et surtout dans les bains, où il était rempli de l'huile dont on se frottait au sortir de l'eau. Les chrétiens se sont aussi servis d'ampoules, et les vases qui contenaient l'huile dont on oignait les catéchumènes et les malades, le saint chrême et le vin du sacrifice, s'appelaient ampoules. C'est encore aujourd'hui le nom d'une fiole qu'on conserve dans l'église de Saint-Remi, de Reims, et qu'on prétend avoir été apportée du ciel, pleine de baume, pour le baptême de Clovis. Ce fait est attesté par Hincmar, par Flodoart et par Aimoin; Grégoire de Tours et Fortunat n'en parlent point. D'habiles gens l'ont combattu, d'autres habiles gens l'ont défendu; et il y a eu, à ce qu'on prétend,

grand nombre de maisons ecclésiastiques et religieuses.

un ordre de chevaliers de la Sainte-Ampoule, qui faisaient remonter son institution jusqu'à Clovis. Ces chevaliers étaient, selon Flavin, au nombre de quatre, les barons de Terrier, de Belestre, de Sonatre et de Louvercy, gens sans doute très-dignes de marque dans leur temps, mais très-peu remarquables aujourd'hui.

Ces chevaliers portaient au cou un ruban de soie noire, où était attachée une croix, à surfaces chanfrenées, et bordée d'or émaillé de blanc, ayant quatre fleurs de lis dans les angles; au centre de cette croix était une colombe, tenant de son bec la Sainte-Ampoule, reçue par une main; au revers, on voyait l'image de saint Remi, avec ses vêtemens pontificaux, tenant, de sa main droite, la Sainte-Ampoule, et de la gauche la crosse.

De tous les prélats qui ont gouverné l'église de Reims, douze ou treize ont été canonisés, et beaucoup d'autres se sont fait remarquer par leur savoir, leur probité et leur vertu. Saint Sixte est le plus ancien que nous connaissions; il mourut pour Jésus-Christ vers l'an 261. Saint Nicaise, saint Remi, Hincmar, Gerbert, depuis pape sous le nom de Sylvestre II, et plusieurs cardinaux, ont tous été archevêques de cette ville, dont l'église a donné quatre papes à la chrétienté.

Outre Sylvestre II, que nous venons de nommer, Urbain II a été chanoine de Reims, Adrien IV en a été archidiacre, et Adrien V y a possédé la même dignité, avec celle de chancelier. Cette église a vu douze princes assis sur son siége, entre lesquels on compte deux fils de France, Arnoul, fils de Lothaire, et Henri de France, fils de Louis le Gros; et quatre princes du sang royal, Hugues de Vermandois, Henri de Dreux, Jean et Robert de Courtenai.

Douze de ses prélats ont été décorés de la pourpre, six, légats *à latere*, et neuf, chanceliers de France. Ce sont Foulques, qui sacra Charles le Simple; Hérivée ou Hervé, Hugues de Vermandois, Artauld, Odolric ou Odalric, Adalbéron, Gerbert, Renaud de Chartres, et Robert Briçonnet. Quinze chanoines de Reims ont été élevés au cardinalat, et il y en a eu un très-grand nombre qui ont possédé des évêchés.

Sonnatius, qui gouvernait l'église de Reims vers l'an 625, présida un concile de quarante prélats qui s'assemblèrent, la même année, dans cette ville, pour la réforme des mœurs. On y fit vingt-cinq canons, qui existent encore, avec vingt-une ordonnances synodales, attribuées par Flodoart au même Sonnatius.

Wilfare célébra un concile, en 813, par ordre de Charlemagne, qui, à la même époque, en fit tenir divers autres, souhaitant, avant que de mourir, de voir les affaires ecclésiastiques réglées; il contient quarante-quatre canons. Hincmar parle d'un synode de l'an 879. Foulques, archevêque de Reims, au mois de janvier 893, couronna Charles le Simple, roi de France; dans le même temps on s'assembla en concile contre Baudouin, comte de Flandre, déclaré usurpateur de biens ecclésiastiques.

Foulques fut assassiné quelque temps après, et eut pour successeur, en 900, Hérivée, qui assembla les prélats voisins, et excommunia les auteurs de cet attentat sacrilége. Seulfe, successeur d'Hérivée, célébra, en 923, un concile dans lequel on imposa une pénitence à ceux qui avaient assisté à la bataille de Soissons, donnée, l'année précédente, entre Charles le Simple et Robert. Il en tint un autre, en 924, à Trossi, pour régler les différends qui existaient alors entre le comte d'Isaac et Étienne, évêque de Cambrai.

Adalbéron d'Ardenne, dans un concile de l'an 975, excommunia Thibault, usurpateur du siége de l'église d'Amiens. Le diacre Étienne, nonce du pape Benoît VII, se trouva à ce concile. Arnoul, fils naturel de Lothaire, fut élu après Adalbéron, et fut déposé en 991. Gerbert le remplaça, mais, dans un autre concile, tenu en 995, par Léon, abbé de Saint-Boniface, légat du saint Siége, Gerbert fut déposé, comme intrus, et Arnoul fut rétabli dans son église.

Le pape Léon IX, passant à Reims, en 1049, y tint un concile de vingt évêques et d'environ cinquante abbés, contre la simonie, le mariage illicite et les autres vices du temps. L'archevêque Gervais assembla divers prélats, en 1059, pour le couronnement de Philippe, fils de Henri Ier. On célébra un autre concile, en 1092, et on obligea, sous peine d'excommunication, Robert, comte de Flandre, de satisfaire pour les usurpations qu'il avait faites sur le clergé. On en tint également un en 1094, dont la chronique de Sens et Ives de Chartres font mention.

L'an 1109, grand nombre d'évêques vinrent à Reims pour l'affaire de Geoffroi, évêque d'Amiens, contre les moines de Saint-Valeri. Conon, légat du saint Siége, y tint un concile, en 1115, contre l'empereur Henri. En 1119, le pape Calixte II, à la tête de quatre cent vingt-six prélats, en célébra un autre contre le même prince, qui fut excommunié. Innocent II y tint, en 1131, un concile, après la fête de saint Luc. Il avait avec lui trois cents personnes, évêques et abbés. On en rapporte un autre, en 1140, contre Abeilard; mais il y a plus d'apparence qu'il fut tenu à Sens par les prélats des deux provinces.

Le pape Eugène III présida un concile de Reims, le 22 mars 1148, accompagné de cinq évêques et abbés. Éon de l'Étoile, hérétique, y fut condamné, et Gilbert de la Porée, évêque de Poitiers, convaincu par saint Bernard, se condamna lui-même. Samson assembla un concile, l'an 1251, pour régler quelques différends survenus entre Gautier de Laon et Hugues, abbé de Prémontré; ce qu'Adrien IV approuva depuis.

Pierre Barbette, au mois d'octobre, en 1287, examina, avec ses suffragans, les priviléges accordés par le pape Martin IV, aux dominicains et aux frères mineurs. On cite un concile tenu par Jean de

Craon, en 1363, et un autre célébré par les grands-vicaires de Gui de Roye, en 1393. On parle également de celui de Jean Juvénal des Ursins, en 1455.

Le cardinal Charles de Lorraine, archevêque de Reims, tint, en 1564, un concile dans lequel on fit des réglemens salutaires pour la réforme du clergé et pour l'avantage des peuples dont on s'occupait alors sérieusement. Louis de Lorraine, cardinal de Guise, en célébra un autre provincial, en 1583. Renaud de Chartres, aussi cardinal et archevêque de Reims, avait publié des ordonnances synodales, en 1455, et Charles Dominique de Caretto, également cardinal, en publia un dans l'année 1510.

A cet état détaillé des conciles de Reims, faisons succéder des réflexions, d'autant plus intéressantes, qu'elles appartiennent à un savant du premier ordre (1), dont le témoignage ne saurait être suspect.

Peu de personnes, en effet, dit l'excellent auteur de l'*Esprit de la Ligue*, connaissent la grandeur des objets que présente l'histoire de Reims. Destitué de cette connaissance, le plus grand nombre aura sans doute peine à croire qu'une

(1) Anquetil, *Histoire de la ville de Reims*, 3 vol. in-12. Reims, 1756.

ville enclavée dans une monarchie puissante, déterminée dans ces vicissitudes de bonheur ou de malheur, par des causes communes au reste du royaume, puisse fournir une suite de faits assez frappans, pour devenir la matière d'une histoire particulière. Quelques phrases, cependant, suffiront pour persuader que celle de Reims réunit tous les avantages capables de produire l'agrément et l'intérêt.

Ses principaux événemens, nécessairement liés aux événemens généraux, forment le nœud d'une intrigue soutenue, et dont le développement jette de nouvelles lumières sur l'histoire de France.

Sans cesse on voit paraître sur la scène et disparaître des personnages fameux, qui, dans la liberté d'une vie privée, jouent souvent un rôle très-différent de celui qu'ils soutenaient sur le théâtre du monde. Aucune histoire, d'ailleurs, n'est appuyée sur des monumens plus certains. Enfin, chacune de ses parties est marquée par des révolutions, qui sont autant d'époques prises dans la nature et dans la constitution du gouvernement.

Pour rendre l'histoire d'un peuple intéressante, il n'est pas toujours nécessaire qu'il ait tenu l'empire des nations, et que ses lois, comme celles d'Athènes, de Lacédémone, de Rome et de Carthage aient été respectées dans de vastes pays soumis à sa puissance.

Si l'on cherchait, dans la lecture, moins à s'éblouir par des événemens extraordinaires, qu'à s'instruire à fond de la marche des passions humaines, et des ressorts qui les mettent en mouvement, souvent l'histoire de quelques villes particulières serait aussi capable de piquer la curiosité, que celle des grands États, et, par là, des républiques obscures pourraient quelquefois soutenir avec honneur l'éclat du parallèle.

L'amour de la liberté, la jalousie du gouvernement, la crainte de la tyrannie, l'ambition, la haine et la vengeance, aussi actives, aussi turbulentes dans un cercle étroit que dans une sphère étendue, ont produit plus d'une fois des révolutions semblables, jusque dans des circonstances qu'on n'aurait pas cru susceptibles de comparaison.

A peine échappé des chaînes de ses rois, le peuple, à Rome, retombe dans celles des patriciens, qui, sans distinguer le coupable de l'innocent, font gémir les débiteurs insolvables sous la rigueur des lois. Indigné de ce traitement barbare, le plébéien se révolte, prend les armes, se dépouille de l'amour d'une ingrate patrie, et se retire sur le Mont-Sacré.

A Reims, les citoyens, déjà délivrés du despotisme trop rigoureux de quelques archevêques, frémissent à la vue des fers dont Henri de France menace de les charger. Ils opposent les plaintes à la vexation, et les armes à la violence; mais, trop faibles pour résister, ils abandonnent la ville. Des deux côtés alors la tempête se calme par la création des magistrats plébéiens, dont le peuple se fait un rempart contre la tyrannie.

Banni de Rome, Coriolan, que transportent la haine et la vengeance, souffle dans tous les cœurs la rage dont il est animé. Il forme une ligue des Latins, depuis long-temps ulcérés contre la patrie, et la réduit aux dernières extrémités.

Les Ruffis, les Ranlius et les

Briagues, proscrits à Reims, remplissent la ville de carnage, et accumulent sur leurs malheureux concitoyens tous les fléaux d'une guerre longue et opiniâtre.

Au milieu d'une ville habitée par un peuple soldat, plus propre à faire des conquêtes qu'à souffrir une domination étrangère, Herdonius, simple citoyen d'une ville des Sabins, conçoit l'audacieux projet de s'emparer du Capitole, et l'exécute.

Gilles de Rodemache, simple aventurier, non moins hardi que Herdonius, entreprend d'insulter jusque dans leurs murs les Rémois, aguerris et formés aux combats. Il pénètre au centre de la ville, y porte le fer et le feu, et désole tous les environs par d'affreux brigandages.

Enfin, les proscriptions de Marius et de Sylla sont retracées avec la même proportion par celles de la ligue; et tous les troubles excités à Rome, à l'occasion des différentes lois, de la distribution des terres, de l'abolition des dettes, des prérogatives et des magistratures patriciennes et plébéiennes, se retrouvent dans l'histoire de Reims, causés ou prétextés par l'établissement des impôts, la manière de les lever, les excommunications, les débats pour la juridiction, et les droits contestés entre les archevêques, le chapitre et la ville.

Cependant, outre la différence que la grandeur des intérêts et la célébrité des concurrens mettent entre les révolutions de la capitale du monde et celle d'une ville subordonnée, il en est encore une autre aussi remarquable. Rome, ébranlée par des secousses intérieures, communiquait ses mouvemens à tout l'univers, et Reims recevait les siens des vicissitudes générales, qui changeaient souvent la face du royaume.

A Reims, comme dans les autres métropoles, la puissance temporelle des prélats s'est insensiblement établie par la déférence des peuples aux lumières et aux vertus des premiers évêques; mais la faveur spéciale des rois de France a rendu, dans cette ville privilégiée, ses progrès plus rapides.

Protégé et occupé par les grands du royaume, ce siége devint redoutable aux souverains, quand on commença à regarder la cérémonie du sacre comme nécessaire au soutien de la couronne; et, du degré éminent de dignité où s'étaient élevés les archevêques, il n'y avait plus qu'un pas à faire jusqu'au pouvoir absolu, lorsque les circonstances les y portèrent d'elles-mêmes à la fin de la seconde race. Ils se firent, à l'exemple des autres seigneurs, un état particulier des débris de la monarchie démembrée en fiefs presque indépendans. Alors ils voulurent commander en maîtres dans la ville ; mais les citoyens ne leur obéirent pas en sujets dociles, et, des deux côtés, on tenta le sort des armes. Plusieurs fois, l'impuissance, plutôt que l'amour de la paix, suspendit l'animosité réciproque, qui reprenait ensuite de nouvelles forces, à la moindre lueur de succès.

Les archevêques triomphèrent tant que les rois de France, forcés à des égards humilians pour la souveraineté, n'osèrent réprimer les grands vassaux de la couronne ; et de l'excès du mal naquit le remède, car, vers le milieu du douzième siècle, les peuples, comme de concert, firent des tentatives pour secouer le joug dont ils étaient accablés. Vainqueurs à leur tour, ils contraignirent les seigneurs de réclamer l'autorité royale, qui rentra ainsi dans ses droits trop long-temps méprisés.

Cependant Louis VII, Philippe Auguste, Louis IX et ses successeurs, jusqu'à Charles V, ne hasardèrent encore d'apporter dans ces différends qu'une médiation timide; mais ce dernier, profitant de la crise où s'était trouvée la France, épuisée de noblesse, sous Jean son père, garda moins de ménagemens, et il appuya ouvertement le tiers-état, dont il tira des secours abondans.

Uniquement occupés des intrigues de la cour, sous le règne de Charles VI, les grands laissèrent prendre aux peuples un ascendant que Charles VII, conquérant de son royaume, eut soin d'entretenir; et Louis XI, son fils, trouvant, à la fin du xv\ue siècle, les Français rebutés des guerres où les engageait l'ambition des seigneurs particuliers, frappa les derniers coups contre leur puissance; et c'est ainsi que s'écroula l'édifice du gouvernement féodal, et que le pouvoir arbitraire des grands fut enseveli sous ses ruines.

Si, depuis ce temps, ils ont voulu quelquefois reprendre sur leurs vassaux l'empire qu'ils avaient perdu, les rois, plus redoutés, ont fait parler les lois, honteusement rendues muettes jusqu'alors, et les guerres civiles du xvie siècle, malgré les plus terribles catastrophes, n'ont plus, comme les précédentes, démembré la monarchie.

Tels sont les événemens qu'il a été nécessaire de retracer dans le cours de l'histoire de Reims, afin de développer avec plus de clarté les principes de son gouvernement et ses nombreuses variations, sources de guerres intestines, de siéges et de combats, suivis de temps de calme et de paix, mais trop souvent abrégés pour des troubles plus meurtriers et plus sanglans.

Ces faits tragiques, dans un espace d'environ deux mille ans, sont mêlés de victoires, de triomphes, de cérémonies augustes, de services éclatans, rendus à la patrie; d'efforts généreux, pour la sauver du danger; et de négociations et de traités, ouvrages d'une politique prudente et circonspecte. Enfin, la situation, toujours incertaine, et en quelque sorte précaire, d'un peuple luttant sans cesse contre la mauvaise fortune, alternativement vainqueur et vaincu, présente différens tableaux d'opulence et de misère, de courage et d'abattement, de liberté et de servitude, d'actions héroïques et de crimes odieux, de vertus et de vices, qui, les uns comme les autres, naissent du sein de la calamité et de l'oppression.

Si l'histoire flétrit la trahison de Sulphes, punie par ses propres complices; l'opiniâtreté d'Artauld, funeste à son peuple; les ruses, au moins imprudentes, pour ne rien dire de plus, de Pierre Barbet, victime de ses propres artifices; la sordide avarice d'Ivelle; la cruauté d'Odalric, et la fureur impuissante de Guy de Roye; elle doit, pour les mêmes raisons, relever le mérite trop peu connu de Vulfar, la capacité de Foulques, la droiture d'Hervé, la piété des Courtenai, la douceur et l'affabilité des Ursins, la libéralité des Briçonnet, les talens de Gervais, de Guy Paré, d'Alberic de Humbert, et les qualités vraiment épiscopales de Guillaume de Trie, de Robert de Lenoncourt, et de Guillaume Giffort. Tout est égal dans l'histoire, qui jamais ne doit être romanesque, quoi que dise et fasse Charles Lacretelle; car comme la vertu y trouve sa récompense, le vice aussi y trouve son châtiment.

Qu'on veuille bien, en effet, se donner la peine d'examiner dans l'histoire générale de la monarchie, ce qu'étaient la plupart de nos anciens nobles, et l'on verra avec horreur des hommes nourris dans des principes pernicieux d'indépendance contre l'autorité légitime des rois, accoutumés à se croire souverains dans leurs terres, et même au-dessus des lois; hautains, méprisans, familiarisés par l'exercice des armes, leur unique occupation ; avec une férocité à l'épreuve de la compassion.

Croira-t-on que de pareils maîtres n'aient jamais franchi les bornes de l'équité, et fait gémir l'innocence ? Souvent, et trop souvent, hélas ! leurs châteaux et leurs donjons, élevés pour servir de retraite aux vassaux contre les surprises de l'ennemi, devenaient, après le danger, l'effroi de ceux qui avaient cherché un asile sous leurs murs, et, avant que les cris de l'opprimé eussent percé jusqu'à des protecteurs plus puissans, il était saisi, traîné dans des cachots affreux, et appliqué à une torture cruelle; trop heureux encore, quand le sacrifice de tout son bien pouvait le soustraire à la barbarie de ses persécuteurs! Qu'on vienne, après cela, vanter la beauté, les avantages, les douceurs et les aménités du régime féodal! Les excès sont toujours des excès, et, en principe, comme en thèse générale, tout excès est réprouvé par la nature et par les lois, quand ceux qui font parler les lois, dont ils osent se dire les organes, n'ont ni le droit, ni le pouvoir, ni le funeste talent de les faire taire.

L'avidité des officiers des archevêques a quelquefois donné à Reims des spectacles d'inhumanité aussi effrayans; toutefois, les prélats eux-mêmes ont souvent été les premiers à mettre un frein à la cupidité de ces exacteurs impitoyables. D'autres, aussi, ont abandonné des droits illégalement regardés comme incontestables, mais seulement parce qu'ils se trouvaient dans l'heureuse impuissance de les soutenir sans effusion de sang humain. Il faut leur en savoir gré : c'est toujours quelque chose d'être ou de paraître homme de bien, quand toute voie est fermée pour agir autrement.

On les a vus en effet signer des compromis, accepter des accords, et jurer solennellement des traités qui assujétissaient leur autorité à certaines formalités, dont les accusés profitaient pour se mettre à l'abri d'une condamnation précipitée et atroce, dans le temps que, sous le gouvernement des seigneurs laïques, tout se terminait d'une manière brusque et absolue, et que souvent le moindre délai, joint à la réclamation la plus juste, devenait le prétexte de nouvelles vexations.

Ce sommaire était nécessaire, nous osons même dire indispensable, pour détromper les personnes qui ont peine à croire que l'histoire d'une ville particulière, bornée à des faits locaux, et resserrée dans un cercle étroit, puisse jamais être curieuse et intéressante. Celle de Reims a des avantages dont peu d'autres sont en état de se glorifier, car le système de son gouvernement est toujours lié avec celui du royaume.

Passons, maintenant, à des temps plus modernes. Une perte irréparable, éprouvée le 10 février 1774 par la ville de Reims, est sans contredit celle de plus de neuf cents manuscrits précieux, consumés par les flammes dans l'incendie qui embrasa la superbe abbaye de Saint-Remi, et détruisit entièrement sa bibliothèque.

Le principal commerce des Rémois consiste en étoffes de laine et en vins estimés, qu'on récolte sur de petites montagnes, entre lesquelles se distinguent, par la bonté du crû, les coteaux de Versenay, de Bouzy, de Taisy, de Sillery, de Versy et de Mailly, qui forment ce qu'on appelle le vignoble de Reims, qui n'est point inférieur à ce que produisent en première qualité Aï et Epernay.

Il sort aussi de leurs nombreuses fabriques, autrefois languissantes, faute d'encouragement, mais aujourd'hui dans un état prospère, des flanelles bien travaillées, des basins, des camelots, des étamines, des étoffes soie et laine, des draps de Maroc, des couvertures de lit, qui jouissent d'une grande réputation; des étoffes connues sous le nom de Silésie, et de très-beaux casimirs.

Mais il est temps de terminer cette notice sur la ville de Reims; toutefois, nous croyons juste de ne pas la clore sans parler de quelques savans illustres qui, par leurs écrits, se sont, honorés, et ont eux-mêmes honoré l'antique cité qui les a vus naître.

Lange s'est acquis une réputation justement méritée par son Praticien Français, dont les éditions se sont succédées avec rapidité. Lallemant devint chancelier de l'université de Paris. Il est à regretter que, pouvant faire mieux, il n'ait publié en français que des livres de dévotion.

Bergier avait écrit l'histoire de Reims, en seize livres, dont il n'a publié que les deux premiers; mais il est fort connu par l'Histoire des grands chemins de l'empire romain, ouvrage utile, et marqué au coin de la plus grande érudition.

Coquillart, poëte français, naquit à Reims, et fut official de cette ville. Il a vécu sous le règne de Louis XI. Ses œuvres ont paru en 1532, et ont obtenu en 1714 les honneurs d'une seconde édition.

Mopinot (D. Simon), savant bénédictin, travailla avec D. Pierre Coustant, à la collection des lettres des papes; Monantheuil cultiva les mathématiques et la médecine; Ressant fut garde du cabinet des médailles de Louis XIV.

Citons encore avec éloge le

bénédictin Ruinart, critique profond; Batteux, de l'Académie française; et surtout, gardons-nous d'oublier l'abbé Godinot, chanoine de la métropole, qui, par un désintéressement aussi louable que rare, a consacré plus de quatre cent mille francs à l'embellissement de la ville qui lui avait donné le jour. Les fontaines publiques de Reims, sa cathédrale, son hôpital, et d'autres monumens, éterniseront la mémoire de ce citoyen généreux.

VOYAGE

A REIMS.

Assez d'autres ont parlé et parleront encore jusqu'à satiété du sacre des rois de France dans l'église métropolitaine de Notre-Dame de Reims. Ils diront que tous, excepté Henri IV, ainsi qu'on le verra dans la suite de cet ouvrage, y ont été oints de l'huile sainte, depuis le couronnement de Louis VII, surnommé le Jeune; et, remontant à Clovis, ils peindront l'époux de Clotilde, le fier Sicambre, s'humiliant devant saint Remi, et recevant des mains du prélat l'eau régénératrice du baptême.

Qu'ils rappellent, s'ils le jugent à propos, ce que personne n'ignore, que, en France, la naissance seule donne droit au trône; que le roi n'y meurt jamais, en vertu de la loi salique; qu'ils ajoutent même que cette loi est en vigueur, au grand déplaisir des femmes, depuis le commencement de la monarchie, et doit en perpétuer la durée; on les croira sans peine (1).

Mais, pour Dieu, qu'ils ne fatiguent plus le lecteur par de fastidieux détails et des dates fausses, que désavoueraient, ces deux lumières de la science,

---

(1). . . . . Provincia missos
Expellet citiùs fasces quàm Francia Reges.
Claudian., in Laud. Stylicon.

Clément et Clémencet; surtout qu'ils lui fassent grâce, et grâce tout entière, de la partie chronologique qui comprend les première, deuxième et troisième races. Qui ignore, en effet, que Mérovée est le chef des Mérovingiens, Charlemagne des Carlovingiens, et Hugues Capet des Capétiens? Et qui serait d'ailleurs assez peu instruit de l'histoire nationale, pour ne pas savoir que, de 987 à 1825, la maison de France, séparée en diverses branches, les Valois, les d'Orléans-Valois et les Bourbons, a, si l'on compte pour rien la république, le directoire, le consulat et l'empire, occupé le trône sans interruption, jusqu'à Charles X, si justement surnommé le Bien-Aimé.

Mais il temps de partir pour Reims; le ciel est beau, aucun nuage n'obscurcit l'atmosphère, et tout enfin nous convie à une promenade de quelques dixaines de lieues. Dans quelques minutes nous aurons laissé derrière nous les hauteurs de Montmartre, que, n'osant les attaquer, Wellington, ce prétendu vainqueur de Soult, à Toulouse, a si glorieusement tournées; et, après avoir reconnu les buttes Saint-Chaumont, témoins toujours parlans de la bravoure des élèves de l'École Polytechnique, nous poursuivrons gaiement notre route, *pedibus cum jambis* (1), sérieusement décidés à braver les mauvais gîtes, la piquette, et même la nécessité de l'antique bivouac. Quelques mauvaises nuits sont bientôt passées, quand on les passe pour un roi de France, qui a juré de maintenir la

(1) Ego sumus philosophos, nobis igitur fas et licet forjare verbos.

Charte! d'ailleurs nous en avons vu, et sommes prêts à en voir encore bien d'autres, dans l'intérêt de la patrie!....

Salut, doux printemps! âme de la nature, salut!

<small>*</small> L'hiver a fui, la verdure nouvelle
Déjà s'étend et couvre les buissons;
Déjà le fleuve, où j'ai vu des glaçons,
D'une eau rapide entoure la nacelle,
Et, sur ses bords, où naissent les gazons.
J'ai vu voler la première hirondelle.

VINCENT CAMPENON.

<small>*</small> Fugit hiems: redeunt turgenti germine frondes,
Umbrosisque comis iterùm spineta teguntur.
Acri concretum quod vidi frigore flumen,
Naviculam rapidâ jam nunc circumdedit undâ,
Et quâ nascuntur viridantia gramina ripâ,
Prima mihi volitans oculos recreavit hirundo.

BOUVET DE CRESSÉ,

Mercure de France, 30 novembre 1811.

DE PARIS A SOISSONS.

FAUBOURG SAINT-MARTIN.

C'est par le faubourg Saint-Martin que sortent de Paris les personnes qui se dirigent sur les routes de Picardie, de Flandre et de Brie. Il perdait deux fois son nom, jusqu'à ce qu'on fût arrivé à La Villette ; village aujourd'hui très-fréquenté à cause du superbe bassin du canal de l'Ourcq, et des belles plantations qui en décorent le pourtour.

Il portait d'abord le nom de Saint-Martin, depuis la porte de ce nom jusqu'à la première barrière également connue sous le nom de « Laissez pas-» ser. » Là il prenait celui de Saint-Laurent, ainsi appelé à cause de la paroisse de ce nom, qui est très-considérable, et dont le curé, naguère, s'est montré au moins aussi ferme sur les principes, que le curé de Saint-Roch (1). Enfin, à la hauteur de Sainte-Périnnel, il devient le faubourg de Gloire, dénomination qu'il perd à l'embranchement de la route de Meaux et de la Haute-Brie.

Ces trois faubourgs réunis couvrent une grande surface de sol, et sont bornés, à droite, par celui de Saint-Denis, et à gauche, par celui du Temple.

(1) Allusion aux funérailles scandaleuses de la Chameroi, de la Raucourt, de Philippe et de La Fargue.

DE PARIS A SOISSONS.

LA VILLETTE.

La Villette est le premier village qu'on traverse, en sortant de Paris, pour aller ou en Flandre ou en Picardie. On ajoutait autrefois à son nom celui de Saint-Lazare, pour le distinguer d'un autre La Villette, qui n'en était pas éloigné.

C'était une dépendance du fameux hôpital de Saint-Lazare, établissement si utile à la société, et qui, dans le xiie siècle, dut sa fondation à la piété et à la charité de la reine Adélaïde, épouse de Louis le Gros, dont Boileau a eu tort de se moquer, à propos de Louis le Grand, qui, quoi qu'on en dise, n'est pas de tous les rois de France celui qu'on ait le plus à regretter.

Cet asile des misères publiques a été converti depuis en une grande et immense maison, qui servait de chef-lieu à une congrégation de prêtres destinés à faire des missions, particulièrement dans les endroits où il y avait des fondations pour cet objet. C'est même ce qui leur a fait donner le titre de « Prêtres de la maison de Saint-» Lazare, » pour les distinguer de ceux de la Mission de la doctrine chrétienne. Dans la suite, l'immensité de leur maison et la solidité de ses murs l'ont fait envisager comme pouvant servir de maison de correction, ce qui procurait aux faiseurs et aux fesseurs du temps de très-beaux revenus. Quelques personnes se rappellent encore ce vers, effroi de plus d'un jouvenceau :

Ecce tricornigeri veniunt, nigra agmina, patres!

Ce fut en 1632 que les prêtres de la

mission de Saint-Lazare s'accommodèrent avec les chanoines réguliers, moyennant des pensions, et qu'ils devinrent propriétaires de cet établissement. La cure de La Villette était desservie par un chanoine régulier, et l'a constamment été jusqu'à l'époque de la révolution, qui, chose affreuse ! a fait simultanément tomber sous sa faux exécrable, autels, victimes et sacrificateurs.

Toutefois, les Lazaristes s'étaient réservé le droit de nommer, exclusivement à toute autre autorité, les curés de La Villette, et, par une modestie tout ultramontaine, ils étaient en même temps seigneurs de la partie droite du village, tandis que la partie gauche était de la censive de Saint-Denis.

DE PARIS A SOISSONS.

AUBERVILLIERS.

Ce village, qui est pareillement connu sous le nom de Notre-Dame-des-Vertus, est à cinq cents toises environ de la route de Paris à Soissons. Il très-considérable, et le premier, après la banlieue, dans la plaine de Saint-Denis. La qualité de son terrain n'a pas permis aux habitans d'y cultiver la vigne, et ils ont pensé que les légumes pouvaient leur être d'un produit plus avantageux, à cause de la proximité de la capitale. Aussi ont-ils cultivé presque toutes leurs terres en raison de cette considération, et il serait difficile de dire que le succès le plus complet n'a pas répondu à leur attente.

Cette paroisse était en très-grande réputation depuis 1338, et cette réputation tenait à une image de la Vierge, qui y attirait un grand concours de monde, surtout le second mardi du mois de mai de chaque année.

Le village des Vertus, dont les habitans sont naturellement laborieux, actifs et intelligens, a long-temps été desservi par les prêtres de l'Oratoire, qui y faisaient le service avec toute la décence que ce corps savant et respectable mettait et met encore, à Juilly, à Vendôme et à Tournon, à tout ce qui a trait au culte divin.

Quoi qu'aient fait, dans le temps, contre les Oratoriens, les jésuites régicides, jamais les portes de Saint-Acheul et de Mont-Rouge ne prévaudront contre la bonne et suave renommée d'une congrégation utile, dont aucun membre n'a été pendu.

DE PARIS A SOISSONS.

LA COUR-NEUVE.

La Cour-Neuve est un village, à deux lieues de Paris, partie dans une plaine, et partie dans une prairie qu'arrosent une branche de la rivière du Crould, et quelques sources provenant des territoires de Baubigny et de Drancy, le tout à une distance plus éloignée de Saint-Denis.

Cette position rend l'endroit très-propre et très-avantageux à l'agriculture. La ferme qui est à côté, et qui portait le nom de Prévôté, était d'une vaste étendue, et appartenait à l'abbaye de Saint-Denis, qui nommait à la cure du lieu. Saint-Lucien est le patron de l'église, dont la grandeur semble être proportionnée au nombre des habitans, qui ne monte guère qu'à six cents.

DE PARIS A SOISSONS.

LE BOURGET.

Le village, ou plutôt le hameau du Bourget, en latin *Burgellus*, n'a qu'une seule rue, dont les maisons sont toutes bâties sur la grande route. Sa situation est entre les avenues de Drancy et de Blanc-Mesnil.

Quoique ce hameau soit assez proche des deux endroits que nous venons de nommer, il dépend cependant du territoire de Dugny. Il y avait autrefois, à l'extrémité de ce lieu, une église du titre de Saint-Nicolas, laquelle était succursale de Dugny; mais, ruinée de vétusté, elle fut interdite en 1734, et l'office ayant été transféré ailleurs, cela devint d'une très-grande incommodité pour les habitans.

Il y avait, dans des temps plus reculés, une léproserie au Bourget; mais les biens furent, depuis, unis à l'ordre du Mont-Carmel. Cet endroit, d'ailleurs, est d'une faible importance, puisque, en 1775, époque heureuse du sacre de Louis XVI, il contenait à peine soixante-cinq feux.

DE PARIS A SOISSONS.

PONT-YBLON.

Cet endroit donne le nom au pont

que l'on a été obligé de bâtir, pour laisser un passage libre au ruisseau qui vient de Blanc-Mesnil, et qui va se jeter dans la petite rivière du Crould.

Il y avait là, autrefois, un hameau portant le nom d'Yblon, où le prieuré de Saint-Martin-des-Champs avait une ferme et des terres, au commencement du XIIe siècle. On assure que sur la fin du XVIIe, on a trouvé dans les terres, sur la partie gauche du pont, des cercueils de plomb, et ce, à cent pas du grand chemin. On ne peut concevoir comment cet établissement formé a cessé d'être habité, et rien, jusqu'ici, n'est encore parvenu à la connaissance du public, qui soit relatif à cette destruction entière.

DE PARIS A COMPIÈGNE.

BONNEUIL.

Bonneuil est un village situé à trois lieues environ de Paris, et en face d'Arnonville.

Il est placé sur la rive droite du Crould. Son terroir est excellent, comme tout ce qui avoisine Gonesse. Sa position est des plus avantageuses pour la culture des terres, d'autant mieux que l'on y trouve suffisamment de pâturages pour les bestiaux, ce qui le fait rechercher par les fermiers.

L'église de la paroisse est dédiée à saint Martin. La nomination à la cure appartenait anciennement au chapitre de Notre-Dame de Paris; la terre relevait, en arrière-fief, de l'archevêché;

et la seigneurie, en 1775, était la propriété de la présidente de Crève-Cœur, en sa qualité d'héritière de la famille de Harlay.

DE PARIS A COMPIÈGNE.

GONESSE.

Gonesse, bourg de France, à quatre lieues de Paris, avec le titre de prévôté et de châtellenie royale, était du domaine du Roi. Il est situé sur le Crould, qui le sépare en deux.

Gonesse a toujours été très-considérable, à en juger par les deux paroisses connues depuis son origine, l'une sous le titre de Saint-Nicolas, et l'autre sous celui de Saint-Pierre. Elles étaient toutes deux à la nomination du prieur de Deuil. L'Hôtel-Dieu, desservi par des Jacobins, a été fondé, en 1210, par Pierre du Tillay, qui lui donna tout son bien pour l'entretien des pauvres malades.

Les habitans de Gonesse ont de tout temps été très-laborieux, et le sont encore. Ils se sont quelquefois ressentis de la libéralité de nos rois. Leur premier commerce consistait en draps et en peaux; il fut même une époque où l'on usait presque partout du drap de Gonesse; mais, ayant considéré que l'agriculture était plus lucrative, ses habitans ont converti leurs moulins à foulon en moulins à farine.

Philippe-Auguste naquit à Gonesse, ce qui fait que quelques chroniques le désignent sous le nom de Philippe-de-Gonesse.

DE PARIS A COMPIÈGNE.

LE TILLAY.

Situé sur le Ciould, Le Tillay se trouve dans un vallon très-agréable, à quatre lieues et un quart de Paris.

Outre les prairies et les terres labourables, qui font le plus fort commerce du pays, il y a encore des cantons propres à la culture de la vigne. Toutes les maisons du Tillay sont ramassées autour de l'église, en sorte qu'il n'y a d'écart pour cette paroisse que le moulin Nadras, au sud du village. On prétend que, dans quelques années d'abondance extraordinaire, on y a récolté plus de huit cents muids de vin.

Saint Denis est le patron de la paroisse, et la nomination à la cure appartenait à l'archevêque de Paris.

DE PARIS A COMPIÈGNE.

VANDERLAN.

Le village de Vanderlan est situé dans un petit vallon, sur le grand chemin de Paris à Senlis. Ce n'était autrefois qu'un hameau dépendant, quant au spirituel, de la paroisse de Roissy, lorsque Odon, évêque de Paris, le céda aux religieux de Sainte-Geneviève, et déclara qu'il leur serait libre d'y bâtir une chapelle.

En 1205, les religieux de Sainte-Geneviève remirent à l'évêque diocésain et la chapelle qu'ils y avaient fait construire, et le droit qu'ils avaient dessus. Ce fut à cette époque qu'elle appartint, à titre de don, aux prieurs et religieux de Deuil, à condition, toutefois, que le prêtre de Gonesse, qui serait à leur présentation, gouvernerait le peuple et recevrait les droits curiaux.

Cette cure était à la nomination du prieur de Deuil, et, chose bizarre! le roi était seigneur du village.

DE PARIS A SOISSONS.

ROISSY.

Roissy est situé dans un vallon fort évasé. Ce village n'a d'autre couvert que celui des avenues qui l'entourent; il ne laisse pas cependant d'être recherché par les cultivateurs, quoiqu'il n'y ait presque pas de pâturages dans les environs. Son terrain est excellent pour le labourage.

Il peut y avoir dans le village quelques centaines de feux, qui sont tous rassemblés sur un coteau, en pente douce, d'Orient en Occident.

La paroisse a pour patron saint Éloi, et la cure était à la nomination de messieurs de Sainte-Geneviève.

DE PARIS A SOISSONS.

MORTIÈRES.

Mortières est une ferme considérable des environs de Roissy. Elle appartenait aux seigneurs de Roissy, qui l'avaient fait construire hors du village, afin que l'exploitation des terres s'en fît avec plus de facilité.

DE PARIS A SOISSONS.

LE MESNIL-AMELOT.

Le Mesnil-Amelot, au diocèse de Meaux, se trouve dans une position qui réunit assez tous les objets propres à une bonne culture, y ayant suffisamment de prairies pour la nourriture des bestiaux.

Ce village ne laisse pas que d'être considérable, puisqu'on y comptait, en 1775, plus de cent cinquante feux, ce qui formait, de fait, un capital d'habitans montant à près de cinq cents.

La paroisse a pour patron saint Martin, et l'évêque de Meaux nommait à la cure, dont le fixe était de quinze cents francs. C'était assez, mais ce n'était pas trop pour un prêtre honnête homme, qui sait à quoi l'obligent les devoirs du saint ministère, quand il les remplit consciencieusement.

DE PARIS A SOISSONS.

VILLENEUVE-SUR-DAMMARTIN.

La distance de Villeneuve à Paris est de six lieues. Il appartient au diocèse de Meaux, et se trouve dans une position tout-à-fait marécageuse, à cause d'une infinité de petites sources qui y affluent de toutes les directions. C'est ce qui a fait prendre le parti de niveler un redressement à une sorte de canal qui longe le village, pour donner un écoulement plus prompt aux eaux du vallon, et rendre, par ce moyen, plus de terres à l'agriculture.

Le sol de Villeneuve est excellent pour le blé. Saint Pierre est le patron de la paroisse; et la cure, du revenu d'environ douze cents francs, était à la nomination de l'évêque de Meaux. Ce village est peu considérable, car sa population ne s'élève qu'à quelques centaines d'habitans.

DE PARIS A SOISSONS.

LONGPÉRIER.

Presque de tous les côtés, Longpérier, qui touche à la grande route, est entouré de marais, ce qui a fait dire quelque part au Scythe Malte-Brun, dans un de ses indigestes plagiats géographiques, que la Brie, cette noble contrée, mère de Jean Racine, et de Jean

La Fontaine, n'était qu'un pays maréca-geux. Mais pourquoi se fâcher de voir un Danois aboyer contre une province du royaume qui lui a donné un asile ? quand, naguère, un de ses anciens collaborateurs a fait insérer ces propres mots dans une feuille publique :

« Mettez un chapeau à trois cornes » sur la tête d'un paysan de la Brie, » vous n'en faites point un grenadier, » vous en faites un héros. » *Præterita acta, præsentia et futura loquuntur.*

Si quelqu'un trouve, avec raison, ce *futura* mauvais, voici notre réponse : Delille a dit, en parlant de Protée, et Delille est une autorité irrécusable,

. . . . Son vaste *souvenir*
Embrasse le passé, le présent, l'avenir (1).

Revenons à Longpérier. Sa position

(1) Géorgiques.

est beaucoup plus saine que celle de Villeneuve, parce qu'il y a moins d'eaux stagnantes, n'y ayant autour du village et dans l'arrondissement qu'une fontaine, encore assez éloignée. Le terroir est propre au labour.

La patronne de la paroisse est la Madeleine. C'était un prieuré-cure, auquel nommait l'administration du collége Louis-le-Grand (1), représentant, de-

---

(1) Depuis, le Prytanée français et le Lycée impérial, dont sont sortis tant de bons et excellens sujets dans tous les genres, et aujourd'hui rentré dans son ancien nom, qui n'est pas cependant celui du collége de Clermont. Nous pourrions citer ici une jolie pièce latine qui finit par ce vers :

Impia Gens alios non colit illa Deos;

mais, ne voulant point nous brouiller

puis leur expulsion, les Jésuites. L'abbaye de Saint-Martin-aux-Bois y avait été réunie.

DE PARIS A SOISSONS.

DAMMARTIN.

Dammartin est un bourg considérable du diocèse de Meaux. Il est situé

avec Saint-Acheul et Mont-Rouge, dont les noms seuls nous font trembler pour les trembleurs, et que nous n'attaquerons que quand ils attenteront eux-mêmes (*non ignota loquor*) ou à la vie ou à l'autorité légitime de nos rois, nous nous contenterons, pour le présent, de la citation suivante :

Arcum Dola dedit Jesuitis, alma Sagittam
 Gallia : quis funem, quem meruêre?... Dabo.

sur une éminence, et sur la grande route de Paris, dont il est éloigné de sept lieues. On y voit encore les restes de son château, autrefois très-fort, et dont rien ne limite la vue.

Dammartin est connu par une longue suite de comtes, dont le premier vivait au x⁰ siècle. A la mort du duc de Montmorency, ce comté fut réuni au domaine de la couronne, et lorsque Louis XIII eut cessé de vivre, la reine Anne d'Autriche le donna au grand Condé. Cette donation fut ensuite confirmée par un article particulier du traité des Pyrénées.

Il y avait à Dammartin un petit chapitre, composé d'un doyen et de six chanoines. Son fondateur fut Antoine de Chabannes, qui, de condition expresse, voulut que le revenu des chanoines, de mille francs annuels environ, fût tout en distribution quotidienne.

Il existait encore à Dammartin, indépendamment du chapitre, une paroisse du titre de Saint-Martin, mais qui n'était qu'un prieuré simple. Elle était desservie par un Génovéfain. On ne peut fixer la date de la réunion de ce prieuré, qui avait sa petite justice particulière.

L'administration de Louis-le-Grand nommait à cette cure, à cause de Saint-Martin-aux-Bois. Dammartin possédait aussi un hôpital fondé pour quatre lits d'hommes et autant de femmes. Malheureusement ces utiles établissemens, fondés dans presque toutes les villes de la France, ont été détruits, et leurs revenus sont devenus la proie de la Bande-Noire.

Le bourg de Dammartin se trouve entre Saint-Denis, Gonesse, Montmorency et Louvres, dans cette partie de l'Ile-de-France que les géographes appellent la Goëlle-en-Parisis, pour la distinguer d'une autre contrée du pays d'Artois, qui porte le même nom. On prétend que Goëlle est un mot celtique qui signifie terre légère.

Il serait à souhaiter que les étymologistes nous eussent donné la véritable origine du nom de Dammartin ; mais, malheureusement, ils sont si peu d'accord entre eux sur cet article, que l'illustre Adrien de Valois, à qui la république des lettres est redevable de tant d'utiles et importantes recherches, après avoir examiné, dans ses savantes Notices sur les Gaules, tout ce que les anciens ont dit touchant la dérivation de ce nom, semble n'adopter le sentiment d'aucun des auteurs qu'il cite, et laisse la question indécise, tant il trouve de difficultés à prononcer entre le pour et le contre !

DE PARIS A SOISSONS.

ROUVRES-SOUS-DAMMARTIN.

Rouvres, à côté de la grande route, n'en est éloigné que d'environ cinq cents toises. Le sol participe de celui connu sous le nom de *France,* c'est-à-dire qu'il produit d'excellent blé. Il réunit l'avantage d'avoir quelques prairies, en raison de sa position, dominée par quelques montagnes.

Ce village est peu considérable, et son église a saint Pierre pour patron. C'était un prieuré-cure dépendant de l'abbaye Saint-Martin-aux-Bois, et dont la nomination appartenait à l'administration du collége de Louis-Le-Grand, à qui la manse abbatiale du même Saint-Martin était réunie pour être employée aux besoins du collége.

DE PARIS A SOISSONS.

LAGNY-LE-SEC.

Le village de Lagny-le-Sec est encore un de ceux de la route de Paris à Reims qui appartiennent au diocèse de Meaux. Sa situation est très-avantageuse pour l'agriculture, car il se trouve entre deux coteaux, ce qui lui procure la facilité des prairies, ressource première pour les bestiaux.

On comptait à Lagny-le-Sec, en 1775, environ cent vingt feux, ce qui comprend à peu près quatre cents habitans.

Les patrons de la paroisse sont saint Pierre et saint Paul; et la cure, du revenu de quinze cents francs, était à la nomination du prieur de Saint-Christophe d'Hallate.

DE PARIS A SOISSONS.

LE PLESSIS-BELLEVILLE.

Le territoire du Plessis-Belleville est bon pour l'agriculture. Ce village, qui est dans une situation des plus agréables, a mérité que ses anciens seigneurs y fixassent leur séjour. Le comte de la Marche y a possédé un grand et magnifique château, dont le parc se faisait remarquer par sa beauté et l'élégance du dessin.

L'honneur d'avoir un prince du sang

3..

pour seigneur a porté les habitans à changer la dénomination de Belleville en celle de la Marche. Basse adulation! servilité honteuse! C'est ainsi que le nom d'Arpajon a été substitué à celui de Châtres, qui rappelle une chanson fort gaie du curé du lieu, lors du passage du duc d'Anjou, Philippe V, appelé à monter sur le trône d'Espagne, en 1700.

Saint Jean-Baptiste est le patron de la paroisse du Plessis-Belleville, et la nomination à la cure appartenait au prieur de Saint-Christophe d'Hallate.

DE PARIS A SOISSONS.

NANTEUIL-LE-HAUDOUIN.

Nanteuil-le-Haudouin, gros bourg de France, dans le duché de Valois, et à dix lieues de Paris, est sur la route de Soissons. On assure qu'il est connu depuis le VIIe siècle. Ce qui est certain, c'est qu'il existait avant l'ordre de Cluni, et qu'il y a eu un monastère de Colombaristes, comme à Luxeuil. La preuve de ce fait résulte de la donation que saint Valbert fit à l'abbaye de Bourgueil, des biens qu'il avait à Nanteuil, d'où il faut inférer que l'ordre de Cluni fut enté sur celui de Luxeuil. L'église du prieuré est fort ancienne, et l'on voyait, au côté droit de l'édifice, le beau mausolée du maréchal de Schomberg. L'église paroissiale, dont le portail est orné de deux tours, est dédié à saint Pierre, et la cure était à la nomination du prieur. C'était l'abbé de Cluni qui conférait de plein droit le prieuré, autrefois desservi par les Bénédictins réformés de cet ordre, qui l'ont rebâti depuis leur introduction.

Nanteuil était le titre d'un doyenné rural, du diocèse de Meaux, et qui fut érigé en 1730. Ce qu'on appelait le château seigneurial, était régulier et dans une situation charmante. Il a appartenu au maréchal d'Estrées. La justice de Nanteuil ressortissait, dans des temps reculés, à Pierrefond; mais elle en fut démembrée, en 1354, et attribuée à la ville de Senlis. Le surnom de *Nanteuil-le-Haudouin*, lui vient d'un nommé Hilduin, à qui il avait appartenu anciennement.

DE PARIS A SOISSONS.

PEROYE.

Peroye est à une lieue de Nanteuil-le-Haudouin et à cinq cents toises environ de la grande route. Il ne paraît pas considérable, peut-être en raison de la qualité sablonneuse du sol. Il y avait, dans les environs, quelques landes, qui ont été long-temps sans être défrichées. Le hameau de la Vache-Noire, que la route traverse, dépend de Peroye.

DE PARIS A SOISSONS.

BOISSY.

Boissy, village à huit ou neuf cents toises de la grande route, n'offre rien d'avantageux pour les voyageurs, car sa position est dans une plaine entièrement découverte. La terre, toutefois, y est assez bonne et produit du blé qui se vend le plus communément au marché de Crépy, dont il dépendait, ainsi que de son élection.

On trouve à la hauteur de Boissy un banc de sable, rempli de roches et diverses productions de terrains incultes. Quoique ce sol ne paraisse pas utile à la culture, il n'est cependant pas à négliger, parce qu'on y trouve, et en quantité, des grès et des roches, très-propres à l'entretien des chemins vicinaux et des grandes routes.

DE PARIS A SOISSONS.

CRÉPY.

Quoique Crépy, ancienne capitale du Valois, ne se trouve pas sur la grande route de Paris à Reims, il serait injuste de l'oublier dans cet itinéraire, et surtout en raison de son importance, puisqu'elle a été la propriété des anciens comtes de Valois, qui jouirent long-temps du titre de comtes de Crépy.

Cependant, au titre de comté, a depuis succédé celui de duché, dont les limites s'étendaient jusque dans la Picardie. Crépy a été l'apanage des enfans de France, depuis Charles de Valois, frère de Philippe le Bel, et frère de Philippe de Valois.

Les Latins nomment *Crepiacum* cette petite ville de France, qui a possédé une prévôté et une châtellenie, ainsi qu'un prieuré conventuel de l'ordre de Cluni.

DE PARIS A SOISSONS.

LÉVIGNAN.

Lévignan, village enclavé dans l'ancien gouvernement de l'île-de-France, ainsi que tous ceux dont nous avons parlé dans les notes précédentes, est bâti tout en longueur. On a, malgré la sinuosité de sa position, adapté la route à ses deux extrémités, pour procurer aux voyageurs les commodités des rafraîchissemens.

Le terrain de Lévignan participe des sables qui l'environnent, ce qui, cependant, n'empêche pas les habitans d'être très-actifs et très-laborieux. On doit même ajouter que, pour des raisons de salubrité, sans toutefois être philosophes, ils ont eu le bon esprit de placer le cimetière à l'entrée du village. Rien, en effet, de plus absurde et de plus malsain que d'enterrer les morts dans les églises.

DE PARIS A SOISSONS.

ORMOY.

La situation d'Ormoy étant près des bois, ne laisse à ses habitans que peu d'espace propre aux occupations agricoles. Aussi ce village n'est-il pas considérable, ce qui fait que plusieurs d'entre eux sont bûcherons et charbonniers, tandis que les autres, à force de bras, de sueurs et de travail, s'efforcent d'arracher au sol ingrat ce qu'il peut rapporter.

Ormoy est éloigné de la grande route d'environ six cents toises.

DE PARIS A SOISSONS.

GONDREVILLE.

Gondreville, dépendant autrefois du diocèse et de la généralité de Soissons, n'a rien qui intéresse que la proximité de la grande route, à laquelle il touche par une de ses extrémités. Sa position, à l'entrée des bois, le fait ressembler à Ormoy, dont nous venons de parler. Aussi cette paroisse, qui n'avait, en 1775, que quarante feux, prouve bien la petitesse du territoire propre à la culture et la qualité du sol. Quelques prairies, cependant, qui y sont jointes, occupent au pâturage une partie de ses habitans. Ce village était de l'élection de Crépy, dont il n'est éloigné que de trois mille toises.

Quoique la forêt de Gondreville soit regardée comme le commencement de celle de Villers-Coterets, cependant, à proprement parler, ce n'est pas son nom véritable. Il paraît plutôt qu'elle avait antérieurement un nom particulier, connu sous celui d'Arguenson, ou Narguasson; mais l'usage ayant prévalu, on la considère actuellement comme la forêt de Villers-Coterets elle-même, à laquelle elle touche.

On trouve, à la suite de Gondreville, un grand emplacement de même nature que celui qui précède Lévignan. Ce n'est, en effet, qu'un terrain sablonneux et rempli de roches stériles.

Toutefois, ce sont des ressources inestimables pour le service des grandes routes, et il serait à souhaiter que la nature en présentât de semblables, mais moins abondantes, dans d'autres pays où l'on manque absolument de ce secours.

DE PARIS A SOISSONS.

VAUCIENNE.

Vaucienne est une petite paroisse dépendant autrefois de l'Ile-de-France, et qui est dominée par un coteau peu escarpé. Le village est absolument au pied de ce coteau, et dans des marais, ce qui rend cet endroit absolument aquatique. Il existe cependant un ruisseau qui coule dans ses environs; mais, comme ses eaux sont stagnantes, le séjour de Vaucienne est très-malsain.

Les habitans s'occupent, pour la plupart, à la nourriture des bestiaux, ce qui leur procure à peu près une honnête aisance.

DE PARIS A SOISSONS.

VAUSSY.

Vaussy, de l'ancienne généralité de Soissons, et de l'élection de Crépy, mérite à peine le nom de hameau. Sa situation est absolument dans des marais, et entre deux montagnes qui le restreignent. Les habitans s'occupent aux pâturages de leurs bestiaux, et le plus grand rapport de la terre consiste en foin.

DE PARIS A SOISSONS.

PUISEUX.

Puiseux, qui n'est qu'à quinze cents toises de Villers-Coterets, se trouve

3...

plus avantageusement situé que Vaussy. Son sol convient assez à l'agriculture, et aussi s'en occupe-t-on spécialement. Quoique les habitans soient peu nombreux, les terres y sont bien cultivées.

La cure de Puiseux était à la nomination du chapitre de Soissons.

DE PARIS A SOISSONS.

VILLERS - COTERETS (1).

Villers-Coterets, petite ville de l'ancienne province de Picardie, à six

---

(1) *Villarium Coresti, vel Villaris ad Collum Retiæ.* Villers-Coterets n'était anciennement qu'un château nommé la Male-Maison, parce qu'on l'avait bâti au milieu de la forêt, et qu'il servait de retraite à une bande de voleurs, qui s'y tenaient cachés, pour détrousser les pas-

lieues de Soissons et de Compiègne, et trois de Crépy, dépendait autrefois de l'Ile-de-France.

sans, suivant les us et coutumes des beaux et respectables temps de la féodalité.

Laurent Bouchel, avocat au Parlement de Paris, rapporte, dans le premier article de son Commentaire sur le titre premier des coutumes de Senlis, que dans cette forêt, que les Latins appellent *Ressia* ou *Retia*, il y avait, non loin de l'endroit où est bâti Villers-Coterets, une tour fort élevée, nommée la Tour de Heaumon, qui était habitée par un seigneur appelé Auger le Danois. On l'avait ainsi nommée parce qu'elle était située dans l'endroit le plus éminent de toute la forêt.

Les romanciers prétendent que cette tour fut un palais de Fées, et qu'un redoutable géant y fit même sa demeure; mais,

Sa situation, à côté de l'une des plus belles forêts du royaume, a porté

comme nous traitons d'une matière très-sérieuse, qui n'a pour but que l'instruction ou la curiosité du public, nous n'avançons ce fait que comme une fable, que Bergeron, bel esprit du xvie siècle, et natif de Béthizi, ancienne dépendance du duché de Valois, inventa pour l'amusement de Marguerite de Valois, reine de Navarre, et depuis reine de France, qui se plaisait extrêmement dans ces sortes de contes.

Nous pourrions rappeler une infinité de choses curieuses touchant le pays de Valois, dans lequel se trouve Villers-Coterets; mais comme cette narration nous mènerait trop loin et dépasserait les bornes que nous nous sommes prescrites, nous nous contenterons de dire que le Valois fit autrefois partie du domaine de la

les anciens ducs de Valois, de la maison de France, à y bâtir un grand et magnifique château, propriété des ducs d'Orléans, qui l'ont embelli et en ont fait leurs délices.

Cette belle position a souvent déterminé la reine Marguerite, duchesse de Valois, à l'habiter. Son vrai nom est Villers-col-de-Rêts, à cause de la forêt qui porte celui de Rêts, ainsi que le désigne son étymologie latine.

On compte à Villers-Coterets plus de deux mille habitans. La bonté na-

couronne de France, sous la première race de nos rois, et que, vers le temps de Hugues Capet, il en fut séparé et possédé par un Hébert ou Herbert, comte de Vermandois, dont Hugues le Grand épousa la fille, Alix, et que, par ce mariage, il devint comte de Valois.

turelle aux ducs d'Orléans, leurs vertus, leur bienfaisance et la splendeur de leur maison, occasionèrent sans doute cette population dans ce pays, qui, par lui-même, au reste, est de peu d'importance.

Il y avait, à Villers-Coterets, un bailliage particulier, du ressort de Crépy. Son gouvernement était absolument distinct de celui de l'Ile-de-France, quoiqu'il y fût enclavé. L'abbaye régulière de Prémontré, qu'on y a connue, n'y a pas toujours existé, car son établissement était originairement à Clairfontaine, dont elle portait le nom. En 1661, elle fut transférée de ce dernier endroit, qui relevait du diocèse de Laon, à Villers-Coterets, et en même temps on réunit la cure à l'abbaye.

On voit, hors la ville, une abbaye

de filles (1), dite de Saint-Remy-aux-Nonains. Elle n'est pas considérable.

Au sortir de Villers-Coterets, et à la distance de deux lieues, se trouvait aussi une autre abbaye de Prémontré, qui était pareillement en règle.

La forêt de Villers-Coterets est une des plus belles et des mieux routées de la France. Elle est immense, puisqu'elle contient vingt-quatre mille huit cent soixante arpens, plus même quelques perches. Elle portait, dans l'origine, le nom de Col-de-Rêts, et on a joint

(1) Aujourd'hui, tant la politesse et l'urbanité françaises ont fait de progrès ! on dirait : « De dames. » Au reste, cette expression appartient à Dom G. Coutans, bénédictin de la congrégation de Saint-Maur, dans sa Description historique et topographique de la grande route de Paris à Reims.

ce nom à celui de Villers, qui était à sa proximité. Elle servait autrefois de rendez-vous de chasse à nos rois, lorsqu'ils chassaient dans celle de Cuise, connue sous le nom de forêt de Compiègne. Le duc d'Orléans l'a embellie de nouvelles routes et les a décorées de poteaux indicatifs, pour la facilité de ses chasses et pour la commodité des voyageurs.

C'est au sortir de la forêt que se trouve la ferme de Verte-Feuille, en face de la poste.

Puisque nous avons parlé, et même assez longuement, de Villers-Coterets, rappelons au lecteur la fête brillante qui y fut donnée à Louis XV, en 1725, par le duc d'Orléans.

Le roi, après son sacre, partit de Soissons à dix heures du matin, et arriva à Villers-Coterets sur les trois heures et demie. On avait orné l'avenue, dans tous les intervalles des arbres, de torchères de feuillée portant des pots à feu, et celle de Paris, dans le même alignement, était décorée de la même manière.

PREMIÈRE JOURNÉE.

Après que Sa Majesté se fut reposée un peu de temps, elle parut sur le balcon, qui donnait sur l'avant-cour du château : cette avant-cour est très-vaste ; tous les appartemens bas étaient autant de cuisines, offices et salles à manger. Aussi, pour les dérober à la vue, et à trois toises de distance, on avait élevé deux amphithéâtres, longs de seize toises sur vingt pieds de hauteur, et distribués par arcades sur un plan à pan coupé et isolé. Les gradins, couverts de tapis, étaient placés dans l'intervalle des avant-corps; les parois des amphithéâtres étaient revêtus de feuillées qui entouraient toutes les architectures des arcades, ornées de festons et de guirlandes, et éclairées de lustres chargés de longs flambeaux de cire blanche. Les lumières, ingénieusement arrangées sous différentes formes, terminaient cet amphithéâtre.

Au milieu de l'avant-cour, on avait élevé, entre les deux amphithéâtres, une espèce de terrasse fort vaste, qui devait servir à plusieurs exercices, et l'on avait ménagé tout autour des espaces très-larges pour le passage des carrosses, qui pouvaient y tourner partout avec une grande facilité. A six toises des quatre encoignures, on avait établi quatre tourniquets à courir la bague, peints et décorés d'une manière uniforme.

Pour former une liaison agréable entre toutes ces parties, on avait posé des guéridons de feuillées, chargés de lumières, conduisant la vue d'un objet à l'autre par des lignes droites et circulaires. Ces guéridons lumineux étaient placés dans un tel ordre, qu'ils laissaient toute la liberté du passage.

Quand le roi fut sur son balcon, ayant auprès de sa personne une partie de sa cour, le reste alla occuper les fenêtres du corps du château, qui, aussi bien que les ailes, était illuminé avec une grande quantité de lampions et de flambeaux de cire blanche. Rangées avec art sur les différentes parties de l'architecture, ces lumières produisaient diverses formes agréables et une variété infinie.

L'arrivée de Sa Majesté sur son balcon fut célébrée par l'harmonie bruyante de toute la symphonie, placée sur les amphithéâtres, et composée des instrumens les plus champêtres et les plus éclatans, car, dans son orchestre, qui réunissait un très-grand nombre de violons, de haut-bois et de trompettes marines, on comptait plus de quarante cors de chasse.

Les tourniquets à courir la bague, occupés par des dames supposées des campagnes et des châteaux voisins, et par des cavaliers du même ordre, divertirent d'abord le roi. Les danseurs de corde commencèrent ensuite leurs exercices au son des violons et des haut-bois. Dans les vides de ce spectacle, les trompettes marines et les cors de chasse se joignirent aux violons et aux haut-bois, et jouèrent des airs de la plus noble gaieté. La joie la plus pure régna souverainement dans toute l'assemblée, et les sauteurs, pendant ce temps, l'entretinrent par leur souplesse et par les mouvemens variés de la plus surprenante agilité.

Louis XV, après ce divertissement, voulut voir courir la bague de plus près, et alors les tourniquets furent remplis de jeunes princes et seigneurs qui briguèrent l'emploi d'amuser Sa Majesté; et, entre eux, on vit avec plaisir se distinguer le duc de Chartres, le comte de Clermont, le prince de Valdeick, le duc de Retz, le marquis d'Alincourt, et le chevalier de Pezé.

Après avoir été témoin de leur adresse, le Roi remonta et se mit au jeu, et, sa partie finie, les comédiens italiens donnèrent un impromptu comique, composé des plus plaisantes scènes de leur théâtre, que Lelio avait rassemblées, et qui firent le plus grand plaisir à Louis XV.

Les gens de goût ont toujours été d'accord sur la beauté de l'ordonnance du parc et des jardins de Villers - Coterets. Le parterre, la grande allée du parc, et les deux qui sont à droite et à gauche du château, furent illuminés par une quantité prodigieuse de pots à feu. Tous les compartimens, dessinés par les lumières, ne laissaient rien échapper de leurs agrémens particuliers.

Louis XV descendit pour voir de plus pres l'effet de cette magnifique illumination. Tout d'un coup l'attention générale fut interrompue par le son des haut-bois et des musettes; les yeux se portèrent aussitôt où les oreilles avertissaient qu'il se présentait un plaisir nouveau. On aperçut, au fond du parterre, à la clarté de cent flambeaux portés par des Faunes et des Satyres, une noce de village, qui avançait en dansant vers la terrasse sur laquelle le Roi se trouvait. Thévenard marchait à la tête de la troupe, tenant en main un drapeau. Cette noce rustique se composait de danseurs et de danseuses de l'Opéra. Dumoulin et la Prévot représentaient le marié et la mariée. Ce petit ballet fut suivi du souper du Roi et de son coucher.

Le régent, le duc de Chartres et les grands-officiers de leurs maisons tinrent les différentes tables nécessaires à la foule de grands seigneurs qui formaient la cour de Sa Majesté, et il y eut pendant son séjour à Villers-Coterets quatre tables de trente couverts, vingt-une de vingt-cinq, douze de douze, toutes servies en même temps et avec la plus exquise délicatesse. Un fait vrai, et constaté par des calculs exacts, c'est que, à chaque repas, ont été mis sur table cinq mille neuf cent seize plats. Quelle profusion!....

SECONDE JOURNÉE. — CHASSE DU SANGLIER.

Le mardi, 3 novembre, une triple salve de l'artillerie et des boîtes annonça le lever de Sa Majesté, qui, après la messe, descendit pour se rendre à l'amphithéâtre dressé dans le parc, où elle devait prendre le plaisir d'une chasse de sangliers dans les toiles. Les princes du sang et les principaux officiers du Roi le suivirent, et l'équipage de Sa Majesté, pour le sanglier, commandé par le marquis d'Ecquevilly, son capitaine, devait faire entrer plusieurs sangliers dans l'enceinte qu'on avait formée près du jardin de l'orangerie.

On avait construit, pour placer le Roi et toute sa cour, trois galeries découvertes dans la partie intérieure de l'avenue, et sur son alignement, à commencer depuis la grille jusqu'à la contre-allée du parterre. La galerie du milieu, préparée pour le Roi, avait douze toises de longueur et trois de largeur; on y montait sept marches par un escalier à double rampe qui conduisait à un repos, d'où l'on montait sept autres marches de front, qui conduisaient sur le plancher. Cette galerie était ornée de colonnes de verdure, dont les entablemens l'unissaient aux branches des arbres de l'avenue, et formaient une architecture rustique, plus convenable à la fête que le marbre et les lambris dorés.

Cette union des entablemens et des arbres ressemblait assez à un dais qui servait de couronnement à la place du Roi. Le plancher était couvert de tapis de Turquie, ainsi que les balustrades; un tapis de velours cramoisi, bordé de grandes crépines d'or, distinguait la place de Sa Majesté. Le pourtour de cet édifice et les rampes des escaliers étaient revêtus de feuillées.

Aux deux côtés, et à neuf pieds de distance de cette grande galerie, on en avait construit deux autres plus étroites et moins élevées pour le reste des spectateurs, qui ne pouvaient pas tous avoir place sur la galerie du Roi. Ces deux galeries étaient décorées de feuillages, comme la grande, et toutes les trois étaient d'une charpente très-solide, et dont l'assemblage avait été fait avec des précautions infinies, pour prévenir les moindres dangers.

Dès que le Roi fut placé, on lâcha, l'un après l'autre, cinq sangliers dans les toiles. Cette chasse fut parfaitement belle. Le comte de Saxe, le prince de Valdeick, et quelques autres, y firent éclater leur adresse et leur intrépidité. Ils étaient entrés dans les toiles armés seulement d'un couteau de chasse et d'un épieu.

Le comte de Saxe se distingua beaucoup dans cette chasse. Le Roi ayant blessé un sanglier, d'un dard qu'il lui avait lancé, le comte de Saxe l'arracha, d'une main, du corps de l'animal, que sa blessure rendait plus redoutable, tandis que de l'autre main il en arrêta la fureur et les efforts. Il en poursuivit ensuite un autre, qu'il irrita de cent façons différentes. Lorsqu'il crut avoir poussé sa rage jusqu'au dernier excès, il feignit de fuir. Le sanglier courut sur lui : il se retourna alors et l'attendit. Appuyé d'une main sur son épieu, il tenait de l'autre son couteau de chasse. Le sanglier furieux s'élance sur le comte de Saxe, qui, le frappant au milieu du front, l'arrête et le renverse. Cette chasse qui divertit beaucoup Louis XV et toute la cour, dura jusqu'à une heure après midi, que le Roi rentra pour dîner.

CHASSE DU CERF.

Louis XV, après le dîner, monta en calèche au bas de la terrasse, et les princes le suivirent à cheval. Le cerf fut chassé pendant plus de deux heures par la meute du Roi, et, après avoir tenu très-long-temps devant les chiens, il donna de la tête contre une grille et se tua. Le Roi rentra ensuite dans son appartement, où il changea d'habit, pour aller à la foire.

SALLE A LA FOIRE.

La foire, que le duc d'Orléans avait fait préparer avec magnificence, était établie dans la cour intérieure du château. Comme l'idée en est riante et extrêmement ingénieuse, nous croyons faire plaisir au lecteur en la rapportant avec quelques détails.

On avait laissé de grands espaces, qui avaient la forme de rues, tout autour de la cour, entre les boutiques et le milieu du terrain, qu'on avait parqueté et élevé seulement d'une marène. Ce milieu était destiné à une salle de bal, et l'on n'avait rien oublié de ce qui pouvait la rendre aussi élégante que commode.

La salle n'était séparée de ces espèces de rues que par une banquette continue. Toute la cour qui renfermait cette foire était couverte de fortes bannes, soutenues par des travées solides, qui servaient encore à suspendre vingt-quatre lustres. Les différentes parties de cette foire étaient ornées d'une très-grande quantité de bougies; et ces lumières, réfléchies sur de grands miroirs et des trumeaux de glaces, étaient multipliées à l'infini.

On entrait dans cette foire par quatre passages, qui répondaient aux escaliers du château. Ce lieu n'était point carré, et, se trouvant plus long que large, les deux faces plus étroites étaient remplies par deux édifices élégans, et les deux autres faces étaient subdivisées en boutiques, séparées au milieu par deux petits théâtres.

En entrant de l'avant-cour dans la foire, on rencontrait, à droite, le théâtre de la comédie italienne, qui remplissait seul une des faces moins larges de la cour. Il était ouvert par quatre pilastres peints en marbre blanc, cantonnés de demi-colonnes d'arabesque et de cariatides de bronze doré, portant une corniche dorée, d'où pendait une pente de velours à crépines d'or, chargée de festons de fleurs. Au-dessus régnait un piédestal en balustrade de marbre blanc, à moulures d'or, orné de compartimens, de rinceaux de feuilles entrelacées et liées avec des girandoles chargées de bougies.

On voyait au haut de ce théâtre l'écusson de France, groupé avec des guirlandes de fleurs. Le chiffre de Sa Majesté, figuré par deux LL entrelacés, paraissait dans deux cartouches qui couronnaient les ouvertures faites aux deux côtés du théâtre pour le passage des acteurs. Ce théâtre, élevé seulement de trois pieds du rez - de - chaussée, représentait un temple de Bacchus, dans un jardin à treillages d'or, (lisez dorés) couvert de vignes et de raisins. On apercevait aussi la statue du dieu, en marbre blanc, et qu'environnaient les Satyres, en lui présentant leurs hommages.

Le théâtre italien était occupé par deux acteurs et une actrice (Arlequin, Pantalon et Sylvia), qui, par des saillies italiennes et des scènes amusantes, commençaient les plaisirs qu'on avait répandus, à chaque pas, dans ce séjour délicieux.

Toutes les boutiques de cette foire brillante étaient séparées par deux pilastres de marbre blanc, de l'entre-deux desquels sortaient trois bras en hauteur, à plusieurs branches, et garnis de bougies jusqu'au bas de la balustrade. Ces pilastres étaient cantonnés de colonnes arabesques, portant des vases de bronze doré, d'où paraissaient sortir des orangers chargés d'une quantité prodigieuse de fruits et de fleurs. On pouvait se croire aux îles d'Hières, et ils étaient alignés sur les galeries qui régnaient sur tout l'édifice autour de la foire.

Immédiatement au-dessus des boutiques, qui avaient environ huit pieds de profondeur, et quinze à seize de hauteur, régnait tout autour la balustrade dont nous avons déjà parlé, et à côté des orangers se trouvait une girandole garnie de bougies en pyramide. Il y avait encore, entre chaque groupe d'orangers et de girandoles, un ou plusieurs acteurs et actrices de l'Opéra appuyés sur la balustrade et masqués en domino ou autre habit de bal, dont les couleurs étaient très-éclatantes. Cet ensemble formait en même temps un tableau des plus surprenans et des plus agréables.

Chaque boutique était éclairée par quantité de bras à plusieurs branches, et par deux lustres à huit bougies, qui se répétaient dans les glaces. A celles qui étaient destinées pour la bouche, il y avait de plus des buffets rangés avec art et garnis de girandoles. Toutes les boutiques avaient pour couronnement un cartouche qui contenait, en lettres d'or, le nom de chaque marchand le plus connu de la cour, eu égard à la marchandise de la boutique. Les supports des cartouches étaient ornés des attributs qui pouvaient caractériser chaque négoce, dans un goût noble.

Les musiciens et musiciennes, danseurs et danseuses de l'Opéra, vêtus d'habits galans, faits d'étoffes brillantes, et cependant convenables aux marchands qu'ils représentaient, y distribuaient généreusement, et à tout venant, leurs marchandises. La première boutique était celle du pâtissier, sous le nom de Godart. Elle était meublée d'un cuir argenté : le fond, séparé au milieu par un trumeau de glace, laissait voir dans ses côtés le lieu destiné au travail du métier, avec tous les ustensiles nécessaires. La Thierry, danseuse, représentait la pâtissière. Elle avait pour garçons Malterre et Javilliers, qui, habillés de toile d'argent, et portant des clayons chargés de ratons (1) tout chauds, couraient vite les débiter dans la foire. Cette boutique était garnie de toute sorte de pâtisserie fine.

La boutique suivante avait pour inscription : « Perdrigeon. » Elle était meublée d'une tenture de brocatelle de Venise et de glaces, et garnie de dragonnes, brodées en or et en argent, de nœuds d'épée, de cannes et de riches ceinturons. Les rubans de toutes sortes de couleurs, mêlés d'or et d'argent, les plus à la mode, et du meilleur goût, y pendaient en festons de tous côtés. Le maître et la maîtresse

---

(1) Sorte de pâtisserie très-connue à Chaalons, à Reims, à Soissons, à Laon et dans la majeure partie de l'ancienne Picardie. Son invention est due à un chanoine de Reims. *Grande opus!*

de la boutique étaient représentés par Dumoulin, danseur, et par la Rey, danseuse.

La troisième boutique était un café; on lisait dans le cartouche le nom de Benachi. Elle était tendue d'un beau cuir doré, avec des buffets chargés de tasses, soucoupes et cabarets du Japon et des Indes, et de girandoles de lumières qui se répétaient dans les trumeaux. Corbie et Julie, chanteur et chanteuse, déguisés en Turc et Turquesse, ainsi que Deshayes, chanteur, qui leur servait de garçon, distribuaient le café, le thé et le chocolat.

La quatrième boutique, élevée en théâtre d'opérateur, était inscrite : « Le Docteur Barry. » La forme de ce théâtre représentait une place publique et les rues adjacentes. Scapin, en opérateur, Trivelin, son garçon, Paqueti, en aveugle, et Flaminia, femme de l'opérateur, remplissaient ce théâtre, et contrefaisaient parfaitement le manége et l'éloquence ambulante des arracheurs de dents.

La cinquième boutique représentait un *Ridotto* de Venise. Le meuble était de velours; les trumeaux et les bougies y étaient répandus avec profusion : on voyait plusieurs tables de bassette (1) et de Pharaon (2) tenues par des banquiers bien en fonds, et tous masqués

---

(1) Jeu où toutes les cartes sont employées, et où elles se tirent deux à deux : la première de ces deux est pour celui qui tient le jeu, et la seconde pour tous ceux qui mettent au jeu contre lui.

Dict. de l'Académie.

(2) Espèce de jeu de cartes qui se joue à peu près comme la bassette. *Ibidem.*

à la vénitienne. C'étaient des courtisans qui se démasquèrent aussitôt que le Roi parut.

La sixième, intitulée « Ducreux et Baraillon, » avait pour marchande la Duval, danseuse, et pour marchandises, des masques, des habits de bal et des dominos de toutes les couleurs et de toutes les tailles.

Dans la septième, où étaient Saint-Martin et la Souris, la cadette, habillés à l'allemande, on montrait un tableau changeant, d'une invention et d'une variété très-ingénieuses, et un veau vivant qui avait huit jambes. Cette loge était meublée de damas et s'appelait « Cadet. »

On se trouvait, en tournant, en face de la cour opposée à celle que remplissait le théâtre de la comédie italienne. Elle était, à l'extérieur, décorée de la même ordonnance. Le dedans figurait une superbe boutique de faiencier, meublée de damas cramoisi, et remplie de tablettes chargées de cristaux rares et singuliers, et de porcelaines fines, des plus belles formes, de la Chine, du Japon et des Indes, qui faisaient partie des lots que le Roi devait tirer. Javilliers père et la Mangot, en hollandais et hollandaise, occupaient cette riche boutique, qui avait pour inscription : « Messager. »

La première boutique, après le magasin de porcelaines, en tournant toujours à droite, était la loge des joueurs de gobelets, habitée par eux-mêmes, et meublée de drap d'or avec des glaces. Dans le cartouche étaient les noms de Baptiste et de Dimanche, fameux alors par leurs tours d'adresse.

La seconde, intitulée « Lesgu et la

Frenaye, » et dont les officiers du duc d'Orléans faisaient les honneurs, était la bijouterie. Elle était meublée de moiré d'or, avec une pente autour, relevée en broderie d'or et ornée de glaces. Cette boutique était remplie de tout ce que l'on peut imaginer en bijoux précieux, exposés sur des tablettes. D'autres étaient renfermés dans des coffres de vernis de la Chine, mêlés de curiosités indiennes.

La troisième, portant le nom de Fredoc, était l'académie des jeux de dés, du biribi et du hoca, meublée d'un gros damas galonné d'or.

La quatrième, faisant face au théâtre de l'opérateur, était un jeu de marionnettes, qui avait pour titre : « Brioché. »

La cinquième, nommée « Procope, » était meublée d'un cuir argenté et ornée de buffets, de trumeaux, de glaces et de girandoles. Elle était destinée à la distribution de toutes les liqueurs fraîches et des glaces. Buzeau, en arménien, et la Pérignon, en arménienne, présidaient à cette distribution.

La sixième, tendue de brocatelle, s'appelait « Bréard. » Dumirial, danseur, en était le maître, et y débitait les ratafias, rossoli et liqueurs chaudes de toutes les sortes.

La dernière, qui se trouvait dans l'encoignure, près du théâtre italien, était enfin intitulée : « M. Blanche », et occupée par la Souris l'aînée et la du Coudray, marchandes de dragées et de toutes sortes de confitures fines.

Un grand amphithéâtre paré de tapis et bien illuminé, régnait tout le long et au-dessus du théâtre de la comédie italienne: il était rempli par une quantité prodigieuse d'excellens symphonistes.

Le dessus de la loge intitulée « Messager, » située en face, était aussi couronné par un semblable amphithéâtre, où se trouvaient placés les musiciens et musiciennes, danseurs et danseuses qui n'avaient point d'emploi dans les boutiques de la foire, et déguisés en différens caractères sérieux, galans et comiques.

La galerie, ornée d'orangers et de girandoles, qui avait bien plus de profondeur aux faces qu'aux ailes, servait comme de base et d'accompagnement à ces deux amphithéâtres, et rendait le point de vue d'une beauté et d'une singularité inexprimables. Tel est toujours l'effet des beaux contrastes.

Louis XV, suivi de sa cour, entrant

dans ce lieu enchanté, s'arrêta d'abord au théâtre de la comédie italienne, où Arlequin, Pantalon et Sylvia ne firent pas des efforts inutiles pour divertir Sa Majesté, qui se rendit de là aux marionnettes, et ensuite aux jeux, s'y amusa quelque temps, et joua même au hoca et au biribi.

Après le jeu, le Roi alla au théâtre du docteur Barry. Scapin aussitôt commença sa harangue, que Trivelin expliquait en français, pendant que Flaminia présentait au monarque, dans un mouchoir de soie, les raretés que lui offrait l'opérateur. Des tablettes, garnies d'or, et d'un travail fini, furent le premier bijou qui lui fut offert. Scapin les accompagna de ce discours qu'il adressa au roi : « Voilà des » tablettes qui renferment le trésor de » tous les trésors; Sa Majesté y trou-

» vera l'abrégé de tous mes secrets. Le
» papier qui les contient est incorrup-
» tible, et les secrets impayables. »

Flaminia eut encore l'honneur de présenter deux autres bijoux au Roi. C'étaient un cachet précieux, et d'une gravure parfaite, composé d'une grosse perle, et d'une antique, et un petit vase, d'une pierre rare et garni d'or. Scapin fit, à chaque présent, un commentaire à la manière des marchands d'orviétan. On distribua ainsi aux princes et aux seigneurs de la cour des bijoux d'or de toute espèce.

Sa Majesté continua sa promenade, et parcourut la foire, pour jouir des divers tours et propos dont les marchands et les marchandes se servent à Paris, pour attirer les chalands dans leurs boutiques. Leurs cris, en effet, et leur empressement à étaler et à faire accepter leurs marchandises imitaient parfaitement, mais en beau, le tumulte, le bruit, et l'espèce de confusion qu'on trouvait dans les foires, alors qu'elles existaient, de Saint-Germain et de Saint-Laurent.

Louis XV, enfin, après avoir été long-temps diverti par la variété des spectacles et des amusemens de la foire, entra dans la boutique de Lesgu et la Frenaye, et tira lui-même une loterie qui, en terminant la fête, surpassa toute la magnificence qu'elle avait étalée jusqu'à ce moment, en faisant voir l'élégance, la quantité et la richesse des bijoux qui furent donnés par le sort à toute la cour et à toute la suite qu'elle avait attirée à Villers-Coterets.

Cette loterie, la plus fidèle qu'on ait jamais tirée, occupa Sa Majesté.

jusqu'à près de neuf heures du soir. Alors le Roi passa sur le parquet de la salle du bal, située au milieu de la foire, et se plaça dans un fauteuil vers le théâtre de la comédie italienne : les princes se rangèrent auprès de Sa Majesté. Les banquettes, couvertes de velours cramoisi, qui entouraient cette salle, servaient de barrière aux spectateurs. La symphonie, placée sur l'amphithéâtre, commença le divertissement par une ritournelle : la Julie, représentant Terpsichore, accompagnée de Pecourt, compositeur de toutes les danses gracieuses et variées exécutées à Villers-Coterets, et de Mouret, qui avait fait tous les airs de ces danses, chanta un récit au Roi.

La suite de Terpsichore, après ce récit, se montra digne d'être amenee par une Muse. Deux tambourins basques se mirent à la tête de la danse : un tambourin provençal se rangea au fond de la salle, et on commença un petit ballet, sans chant, très-diversifié par les pas et les caractères, et qu'exécutèrent les meilleurs danseurs de l'Opéra.

La danse finie, on entendit tout d'un coup un magnifique chant en acclamations, mêlé de fanfares, et chanté par tous les acteurs et actrices masqués, placés sur les deux amphithéâtres et les deux galeries qui les accompagnaient, ce qui causa une surprise très-agréable.

Après ce chœur, le Roi alla souper, et les masques s'emparèrent du bal. On distribua ensuite à ceux qui se trouvaient alors dans la foire tout ce qui était resté dans les boutiques des marchands qui étaient si abondamment fournies, que, toute la cour satisfaite, il se trouva encore de quoi contenter tous les curieux.

DE PARIS A SOISSONS.

CHATEAUDUN.

Le village de Châteaudun, que l'on connaît aussi sous le nom de Chaudun, est à la distance de la grande route, d'environ deux cents toises, sur la main droite, en venant de Villers-Coterets. Il était des diocèse, généralité et élection de Soissons, et du gouvernement de l'Ile-de-France.

Quoique cette paroisse ne soit pas bien considérable, puisqu'elle ne se composait, à l'époque du sacre de Louis XVI, que de trente feux, il n'en faut cependant rien inférer de la médiocrité de son sol. Plus, en effet, on approche de Soissons, et plus la terre commence à devenir meilleure. Sa position, d'ailleurs, est dans une plaine que rien n'incommode pour l'exploitation rurale.

.

DE PARIS A SOISSONS.

SACONIN.

Saconin n'a guère plus d'étendue que Châteaudun. Sa position, toutefois, n'est pas si avantageuse, à cause de la proximité du bois des Eglises que ce village touche. Cependant, malgré cet inconvénient, le sol n'est pas mauvais. Il serait à souhaiter qu'il y eût un peu plus de facilité pour l'eau; mais, étant sur une hauteur, ce secours lui manque presque absolument.

Les habitans de Saconin et ceux de Châteaudun portent leurs productions au marché de Soissons, ainsi que le fermier du hameau, dit la Croix-de-Fer, qui se trouve précisément sur la grande route. Cette paroisse était de la généralité, du diocèse et de l'élection de Soissons.

DE PARIS A SOISSONS.

VAUBUIN.

Vaubuin est un village de la Picardie, situé à côté de la grande route, sur la droite, et à la distance d'environ cinq cent toises. Sa position est aquatique, étant entouré de montagnes presque de tous les côtés; mais, heureusement, la petite rivière de Crise, qui coule dans les environs, reçoit les eaux des sources qui y abondent, et, par ce moyen, le sol est moins dangereux pour la santé.

Toujours attentifs à consulter la nature du travail qu'il faut à la terre pour la faire produire, les habitans de Vaubuin ont profité de l'exposition méridionale de leurs montagnes pour y planter de la vigne, et ils font leur principal commerce du vin qu'ils y récoltent.

Ce village, au reste, est peu considérable. Dans les différens travaux de terre qu'on y a faits, on a trouvé beaucoup d'ossemens pétrifiés. Espérons que de nouvelles fouilles nous donneront un véritable homme fossile !

DE PARIS A SOISSONS.

SOISSONS.

Soissons, au département de l'Aisne, était la capitale d'une petite province du royaume, dite le Soissonnais, qui faisait autrefois partie de celle de Picardie, mais qui en a été démembrée pour être unie au gouvernement de l'Ile-de-France.

Cette ville jouissait du titre de comté depuis plus de huit cents ans, et faisait partie de l'apanage du duc d'Orléans, à cause de son duché de Valois.

Soissons, ancien siége épiscopal, avait le privilége que son évêque fût le premier suffragant de l'archevêché de Reims, et doyen né de la province.

Comme tel, en effet, il était en possession de sacrer les rois de France, pendant la vacance du siége de Reims; mais, comme dans ce cas, la juridiction était dévolue au chapitre métropolitain, l'évêque de Soissons ne pouvait faire ni la cérémonie du sacre, ni aucunes fonctions épiscopales, même ecclésiastiques, dans le diocèse, sans l'autorisation spéciale du chapitre métropolitain.

Cet usage, au reste, a été formellement suivi au sacre de Louis IX, fait par Jacques Bazoches, en 1226; à celui de Philippe le Hardi, par Milon Bazoches, en 1272, et à celui de Louis XIV, par Simon le Gras, en 1654.

Soissons était le chef lieu d'une intendance considérable, divisée en sept élections, qui comprenaient un ensemble de mille cent trente-cinq communes, composées de villes, bourgs et villages. Le terroir de Soissons est très-fertile en grains et surtout en haricots excellens, qu'on voyait quelquefois, mais toujours avec une nouvelle surprise et un enthousiasme prononcé, apparaître sur les longues tables de Montaigu et sur celles de Sainte-Barbe, dont le dernier préfet, en 1790 ou 1791, fut le fameux Nicole, émigré connu aux bords de l'antique Pont-Euxin, et rentré en France à la suite du duc de Richelieu. Écoles Normales, de Droit et de Médecine! quelles obligations n'avez-vous pas à l'ancien préfet de Sainte-Barbe, devenu recteur de l'Académie de Paris! *Sint sua præmia laudi!*

Soissons possédait un collége du titre de Saint-Nicolas, dirigé et desservi, ainsi que le séminaire, par des prêtres de l'Oratoire. Sa première fondation est de Jean Farmoutier, chanoine de la cathédrale, en 1214, et elle fut augmentée, en 1545, par Jean Desmarets.

Tant que les Oratoriens (1) ont été à la tête du collége, il a prospéré, et il en est sorti des sujets dont les académies et les sociétés littéraires se sont fait et se font encore honneur. Il y avait, en outre, à Soissons, une académie de belles-lettres, qui, long-temps, distingua cette ville de bien des autres. Son établissement date de 1674 : le duc d'Orléans en était l'utile protecteur.

On prend, pour aller à Reims, en sortant de Soissons, le faubourg dit de Saint-Crépin, ainsi appelé, à cause

(1) Voir sur les Oratoriens, et en particulier sur le collège de Juilly une notice très-bien faite, par J. F. Adry, de l'Oratoire.

de l'abbaye de ce nom, desservie autrefois par les Bénédictins de l'abbaye de Saint-Maur.

C'est à mille ou douze cents toises de là, au-dessus de la rivière d'Aisne, qu'était la célèbre abbaye de Saint-Médard, fondée par Clotaire. Ce prince, qui avait toujours eu une grande vénération pour le saint évêque de Noyon, conçut le dessein de bâtir une chapelle dans son château de Crou1, ce qu'il exécuta. Il fit ensuite apporter le corps du saint prélat, et il y établit des Bénédictins pour célébrer l'office auprès de son tombeau.

Clotaire mourut à Compiègne, seize ans après cet établissement, et, sentant sa fin prochaine, il recommanda à son fils Sigebert, les bâtimens qu'il avait commencés. Il ordonna ensuite que son corps serait enterré aux pieds du saint évêque, ce que Sigebert fit exécuter ponctuellement. Ce prince voulut même, et expressément, que, quand il aurait cessé de vivre, sa dépouille mortelle fût placée à côté de celle de Clotaire son père.

Environ trois cents ans après, l'église ne pouvant plus contenir l'affluence du peuple qui venait visiter les reliques de saint Médard, elle fut agrandie par la libéralité de Louis le Débonnaire. Cet édifice, digne de la magnificence du roi qui l'avait fait élever, resta debout jusqu'aux guerres de religion du xvie siècle, et fut détruit par les calvinistes.

Un de ses abbés commandataires conçut le projet de le rebâtir, et en confia malheureusement l'exécution à un architecte calviniste, qui lui donna la forme d'un prêche, sans autel ni chapelle.

Cette église resta dans cet état jusqu'en 1637, que les savans Bénédictins de Saint-Maur, lors de leur introduction, lui donnèrent une forme plus décente et plus appropriée au culte catholique. Hermantrude, fille d'Eude, femme de Charles le Chauve, y a été couronnée reine.

Entre tous ses abbés, celui qui mérite le plus d'être cité, est sans contredit le cardinal de Bernis, si connu par sa belle réponse au cauteleux Fleury, qui, lui reprochant sa dissipation, lui déclara qu'il n'avait rien à espérer, tant que lui, cardinal de Fleury, vivrait. Cette réponse, la voici : « Eh bien ! monsei-
» gneur, j'attendrai »; et il attendit; et une femme, madame de Pompadour, fit sa fortune.

Bernis avait obtenu un petit logement au Louvre, par l'entremise de la favorite, et cette dernière venait de lui donner une toile de Perse pour meubler son nouvel appartement. L'abbé l'emportait sous son bras, par un escalier dérobé, quand il rencontra le roi qui montait chez sa maîtresse. Curieux des petites choses, Louis XV voulut savoir d'où il venait, et ce qu'il portait. Quoique un peu embarrassé, Bernis le lui dit naïvement. «Tenez, ajouta » le Roi, en tirant de sa poche un rou- » leau de cinquante louis, elle vous a » donné la tapisserie, voilà pour les » clous. »

Quelque temps après il eut l'ambassade de Venise, où il se fit autant aimer qu'estimer.

DE SOISSONS A REIMS.

BILLY.

On rencontrait, avant que d'arriver à la hauteur de Billy, une pépinière, établie par les soins de l'intendant de Soissons, et qui était d'une grande utilité pour les besoins du pays.

La position de ce village, au milieu d'un marais, cause de fréquentes maladies, principalement dans l'été, et cela en raison d'une petite rivière qui le traverse, et reçoit toutes les eaux qui pourraient y séjourner. Billy appartenait au diocèse, à la généralité et à l'élection de Soissons. On y comptait, en 1775, environ cent vingt feux, ce qui pouvait alors équivaloir à une population de cinq cents habitans.

DE SOISSONS A REIMS.

VENIZELLE.

Venizelle, à l'embouchure, ou plutôt à l'endroit où la Vesle se jette dans l'Aisne, est entouré de prairies de tous les côtés. Cependant, malgré sa situation, ceux qui habitent ce village, ont trouvé que son territoire pouvait supporter la culture de la vigne. Ainsi, les productions de cette paroisse consistent principalement en foins et en vins.

Venizelle, des anciens diocèse, généralité et élection de Soissons, est d'une bien faible importance, eu égard à sa population. Sa cure était à la nomination des chanoines de l'église de Soissons.

DE SOISSONS A REIMS.

SERMOISE.

Sermoise, que traverse la grande route, et dans le voisinage d'un bois très-étendu, est avantageusement situé. La bonté et la fertilité du terrain, qu'arrose l'Aisne, a fait multiplier les villages le long de son cours. Aussi, n'y a-t-il presque pas d'endroits en France, où la route soit si diversifiée : l'œil n'a pas le temps de se reposer sur un paysage, qu'il n'en rencontre un autre digne d'attention, car, en moins d'une lieue, la route, des deux côtés, se trouve bordée de plusieurs villages.

Il est vrai qu'ils ne sont pas tous de la même importance ; mais, au moins, cela annonce que le sol a été considéré-

comme devant être d'un bon rapport, et c'est en effet une contrée très-fertile, dépendante autrefois, tout entière, du diocèse et de la généralité de Soissons, et du gouvernement de l'Ile-de-France.

DE SOISSONS A REIMS.

AUGY.

Augy, presque sur la route, n'a rien d'intéressant, et sa position est entre deux montagnes couronnées de bois. Dans le rond-point que ces montagnes font à leur jonction, se trouve un étang, dont les eaux se rendent à la Vesle, après avoir traversé le grand chemin, ce qui rend l'air de cette paroisse très-salubre.

Augy était, autrefois, du diocèse et de la généralité de Soissons, et l'on y comptait alors environ quarante feux.

DE SOISSONS A REIMS.

BRAINE.

Braine, jolie petite ville de l'ancien Soissonnais, est située sur la Vesle, et à la distance de trois lieues de Fismes, autre petite ville, dont nous aurons bientôt occasion de parler.

Braine a été chef d'un comté connu sous cette dénomination pendant plus de six cents ans, et qui devint depuis une annexe du duché de Valois, ayant cependant son comte particulier, dont les vassaux furent tout à la fois vassaux des comtes et pairs de Champagne.

Quoique les fiefs de Braine et de Roucy fussent tenus de l'église de Reims, celui de Braine, néanmoins, en a toujours été regardé comme indépendant.

Il y avait à Braine une abbaye de Prémontrés, dont l'église était connue sous le titre de Saint-Yved, qui a été évêque de Rouen. On y trouvait en outre un prieuré simple, de l'ordre de Cluni, comme membre dépendant de la Charité-sur-Loire. La paroisse a saint Nicolas pour patron.

DE SOISSONS A REIMS.

COURSEL.

Quoique la situation de Coursel touche à un des bras de la Vesle, les habitans cependant ont considéré que la montagne qui les domine pouvait leur être d'une grande ressource, et ils ont en conséquence planté de la vigne sur les deux pentes de cette montagne. Le succès a favorisé leurs travaux.

La culture de la vigne, et de belles prairies, qui bordent l'autre côté de la route, font la principale occupation des habitans de cette paroisse qui a dépendu, dans des temps, heureusement loin de nous, du diocèse et de la généralité de Soissons.

DE SOISSONS A REIMS.

PAARS. — BAZOCHE.

Paars réunit dans son territoire tous les objets nécessaires à la vie. Le plateau de la montagne qui le domine sur la partie gauche, rapporte d'excellent grain. L'industrie des habitans les a fait profiter des parties de la montagne propres à la culture de la vigne, et la nature du vin qu'ils récoltent n'est pas mauvaise.

On trouve aussi à Paars, des parties de bois qui peuvent être d'un grand secours; en sorte qu'il y a dans cette paroisse, dépendant autrefois du diocèse et de la généralité de Soissons, tout ce qui tient à l'existence de l'homme.

Le village de Bazoche mérite d'être cité, parce qu'il n'est pas sans importance, si on le considère sous le rapport historique; qu'il a donné son nom à un doyenné du diocèse de Soissons, et qu'il est le dernier de cette généralité, relativement à la grande route. La cure était à la nomination des chanoines de la seconde classe du chapitre de Soissons.

DE SOISSONS A REIMS.

FISMES.

Fismes, petite ville de l'ancienne province de Champagne, sur la Vesle, n'est éloignée de Reims que de six lieues. Malgré son ancienneté, elle n'a eu jusqu'à ce jour rien de remarquable, que deux conciles qui y ont été tenus, l'un le 2 avril 881, auquel présida Hincmar, et le second en 935. Néanmoins, le choix que Louis XVI a fait de Fismes pour y coucher, à l'exemple de son aïeul, lors de son voyage à Reims pour s'y faire sacrer, sera à jamais pour cette ville une époque glorieuse que les habitans n'ont pas manqué et ne manqueront pas de transmettre à leurs descendans.

On a long-temps assuré qu'il existait

auprès de Fismes une borne que nous avons vainement cherchée, et qui limite les diocèses de Reims, Laon et Soissons. Toutefois, dans le temps que la monarchie française était divisée en quatre royaumes, Fismes servait de limites à celui de Soissons. Il est donc narurel d'envisager l'étymologie de Fismes, comme venant de *Fines*. Valois, d'ailleurs dans l'Itinéraire d'Antonin, veut que le mot *Fines* ait fait naître celui de *Fimœ* qui est déjà un commencement d'altération.

Fismes était de l'ancien domaine de l'église de Reims, et ses archevêques l'aliénèrent avec Épernay, en faveur des comtes de Champagne, qui leur en ont fait hommage, jusqu'à sa réunion à la couronne. Ce fut alors que les rois mirent la prévôté de Fismes sous le bailliage de Vitry; mais quant à la justice ordinaire et la seigneurie utile de la ville, elle a toujours appartenu à la communauté des habitans.

Citons à propos de Fismes, le trait suivant

Du bon roi dont le peuple a gardé la mémoire.

Henri IV, passant par cette ville, fut harangué par le maire, dont le discours laconique fit au roi le plus grand plaisir. Ce prince lui demanda son nom, et comme il s'appelait Vilain, « Faites du » V un B, lui dit Henri, et désormais » appelez-vous Bilain. Je suis Gascon, » et ce changement est de ma façon. »

Le lendemain, Henri IV fut encore harangué par un autre maire qui ne lui dit que ces mots : « Sire, ici tout comme » à Fismes, et nous sommes tous les su- » jets dévoués de Votre Majesté. » Le monarque fut enchanté qu'on lui parlât suivant ses goûts, et qu'il ne fût question alors ni d'Alexandre, ni de César.

DE SOISSONS A REIMS.

MAGNEUX.

La paroisse de Magneux commence à se ressentir du sol de la Champagne. Ses habitans ont profité de leur situation, pour planter de la vigne, dont le fruit, sans produire des vins d'une qualité supérieure, procure cependant de très-grands avantages au pays. Du reste, rien qui puisse intéresser la curiosité du voyageur. La population de Magneux se compose de trois cent cinquante à quatre cents individus.

DE SOISSONS A REIMS.

COURLANDON.

Les foins sont la plus grande production de Courlandon. La Vesle, qui parcourt une étendue très-considérable de terrain, depuis Reims jusqu'à l'endroit où elle se jette dans l'Aisne, laisse, sur ses deux bords, un espace immense pour l'exploitation des foins, ce qui dédommage les propriétaires, des autres objets dont ils sont privés.

La Vesle forme dans ce village une espèce d'île, qui se trouve habitée, et la singularité de cette position a porté à y bâtir des maisons. Courlandon a été à la fois du diocèse de Reims, et de la généralité de Chaalons.

DE SOISSONS A REIMS.

BREUIL.

Le village de Breuil se trouve précisément dans le rond-point que la Vesle décrit dans cet endroit. Quoique les bords de cette rivière soient, en général, garnis de pâturages, Breuil, cependant, a encore la ressource des autres cantons, c'est-à-dire que ses habitans peuvent joindre au corps de leurs occupations, la culture des autres productions de la terre. Cette paroisse, qui n'est pas fort peuplée, était, comme, celle de Courlandon, du diocèse de Reims et de la généralité de Chaalons.

DE SOISSONS A REIMS.

BRANSECOURT. — JUNCHERY.

Bransecourt, à une demi-lieue de la grande route, se trouve un peu au-dessus d'une petite éminence qui rend sa position assez gracieuse. Le petit ruisseau, qui a sa source un peu plus haut, le traverse, et va faire tourner le moulin du lieu, situé à une distance peu éloignée, et, après avoir passé Junchery, à son entrée, il va se jeter dans la Vesle, un peu plus bas que celui de Junchery.

Bransecourt est un peu au-dessous du bois de Junchery, qui, par sa proximité, lui est d'une grande utilité. Sa population peut monter de trois cent cinquante à quatre cents habitans.

Junchery se ressent encore, par le sol, des influences de la Vesle, c'est-à-dire qu'il n'a point pour la terre l'espèce d'aridité qui règne sur le terroir rémois. La grande route qui le traverse facilite aux voyageurs les moyens de quelque repos, s'ils en ont besoin.

C'est à Junchery que se trouve la poste, qui est la dernière jusqu'à Reims. Ce village était, en même temps, de la généralité de Chaalons et du diocèse de Reims. On y compte plus de cent feux.

DE SOISSONS A REIMS.

ÉTANG DE MORTES-EAUX.

L'étang de Mortes-Eaux est formé par un petit ruisseau, venant de Bransecourt, et par des eaux que la pente de deux montagnes y conduit naturellement. Comme ces eaux sont peu abondantes, il arrive quelquefois qu'il tarit, dans des années de sécheresse, ce qui lui a fait donner le nom de Mortes-Eaux, *Aquæ mortuæ* (1).

On a fait, en 1775, à l'occasion du passage du Roi, des travaux, pour consolider davantage la levée qui donne sur la grande route, afin de la rendre plus solide, et pour ôter tout sujet de crainte.

DE SOISSONS A REIMS.

SAPICOURT.

Fidèle au but que nous nous sommes proposé, de n'omettre aucun des éta-

(1) Aigues-Mortes, en Provence, a la même étymologie.

blissemens, considérables, ou non, qui se trouvent sur la route de Paris à Reims, nous dirons de Sapicourt, que c'est une paroisse à une demi-lieue de la grande route, entre deux bois qui en dépendent; qu'elle était à-la-fois du diocèse de Reims et de la généralité de Chaalons, et qu'elle contient de soixante à quatre-vingts feux.

DE SOISSONS A REIMS.

MUISON.

Muison est dans la même position que tous les villages dont nous avons déjà parlé, et qui sont sur les bords de la Vesle, à l'exception toutefois que celui-ci, et les trois autres qui suivront, sont décorés de châteaux et de maisons de campagne, comme le sont ceux que la mode a semés dans tous les lieux qui avoisinent les grandes villes.

Il fut un temps où le château de Muison annonçait assez que cet endroit est d'une importance supérieure à celle des villages qui l'ont précédé, dans cette longue nomenclature. Cette observation, qui est loin d'être oiseuse, porterait à croire que la présence des grands propriétaires dans leurs possessions, comme celle des prélats dans leurs diocèses, est un motif d'accroissement et pour l'émulation et pour la population. Muison était du diocèse de Reims, et de la généralité de Chaalons.

DE SOISSONS A REIMS.

GARENNE DE GUEUX.

La Garenne de Gueux dépendait

du village de Gueux, dont le seigneur était dans l'usage de présenter au Roi une collation, sur la grande route, lorsqu'il allait à Reims pour s'y faire sacrer. On prétend qu'il avait soin de consacrer et constater cet honneur par un acte authentique et solennel qu'il faisait dresser, et que, s'il avait un fils, ce fils avait le droit de servir Sa Majesté, qui le recevait au nombre de ses pages. Il est présumable, toutefois, que cela ne pouvait être que quand ce seigneur était de noble extraction, car il arrive souvent, dit dom. G. Coutans, qu'un seigneur de village n'est pas noble. La seigneurie, en effet, quoi qu'en disent nos nouveaux parvenus, dormant en paix sur les riches débris volés à la patrie, ne donne pas la noblesse (1).

(1) Quùm volueris veram hominis æs-

DE PARIS A SOISSONS.

THILLOYS.

Thilloys, situé sur le bord, et à très-peu de distance de la grande route, jouit de l'heureux privilége d'un sol favorable à la culture de la vigne.

Cette paroisse, du diocèse de Reims, et, antérieurement, de la généralité de Chaalons, possède plusieurs maisons destinées, quand le temps le permet, aux délassemens et aux plaisirs des bourgeois de Reims. Que de gâteaux!

timationem videre, nudum inspice; deponat patrimonium, deponat honores et alia fortunæ mendacia; corpus ipsum exuat, et animum intuere, qualis, quantusque sit, alieno an suo magnus.

que de petits pâtés (1) ont été dévorés dans ce lieu de délices!

(1) Nous tenons d'un ancien chanoine de Laon, natif de Reims, que, un jour, la question s'étant élevée sur la qualité supérieure des petits pâtés de Reims, on expédia une estafette qui, malgré la distance de plus de dix lieues, en rapporta de tout chauds encore, en raison des précautions que l'on avait prises, et qui furent jugés excellens par des chanoines connaisseurs, et juges compétens en pareille matière. Un pari avait avait été fait, et le pari fut gagné. Le chanoine, notre vieil ami, mort en 1822, en donna la valeur aux pauvres. Le montant de la somme était de cent francs.

DE SOISSONS A REIMS.

CHAMPIGNY. — SAINT-BRICE.

Champigny et Saint-Brice sont les deux derniers villages qui se présentent à la vue, l'un sur la rive droite, l'autre sur la rive gauche de la Vesle, en venant de Paris à Reims.

La fertilité du terroir de Champigny a donné lieu à la construction de quelques fermes dans les environs, et de l'autre côté de la Vesle, et Saint-Brice, entouré d'une branche de cette rivière, qui l'enveloppe, presque au sortir de Reims, est, à proprement parler, ce qu'on appelle, à Paris, la Rapée et le Gros-Caillou; mais avec de meilleurs vins, car ils sont tous d'excellent crû, et ne font point de mal, lorsque toutefois on en use avec modération (1).

La proximité de la ville, et le désir de se rendre utiles à leurs concitoyens et à eux-mêmes (*primò mihi*), ont déterminé plusieurs propriétaires des bords de la rivière à y faire construire des moulins, qui sont d'un grand rapport et d'un avantage reconnu. Les noms qu'ils portent désignent suffisamment ceux à qui ils appartiennent.

DE SOISSONS A REIMS.

REIMS.

Les antiquités, les restes de différens

(1) Tu, puer, imprimis, moderatiùs utere vino.
VAN. *Prædium Rusticum.*

monumens, les dénominations même de quelques-unes de ses portes, tout annonce l'ancienneté de la cité de Reims. Sa situation l'a fait appeler *Durocortorum* (1), mot celtique, signifiant ville ou château, bâti sur une rivière auprès d'une montagne. Telle est, en effet, celle de Reims, sur la Vesle, auprès de la montagne de Saint-Thierry.

La ville de Reims, dès son origine, passait pour la capitale de la Gaule Belgique. Il paraît que le christianisme y était déjà établi avant que saint Sixte et saint Cinice, qu'on regarde comme ses premiers évêques, y fixassent leurs siéges, puisque, en 288, saint Timothée et ses compagnons y avaient souffert le martyre.

Si Reims est célèbre par son antiquité,

---

(1) Dom. G. Coutans.

elle ne l'est pas moins par le baptême de Clovis, que saint Remi, quinzième successeur de saint Sixte, lui administra le jour de Noël, 496 de l'ère nouvelle, après l'avoir instruit des vérités du christianisme.

Le même saint le sacra ensuite roi, avec l'huile d'une fiole que de vieilles chroniques nous disent être venue miraculeusement du ciel, et apportée *ad hoc* par une colombe (1).

(1) La colombe, de tout temps, a joué un grand rôle dans l'histoire des nations. Noé s'en servit utilement; le char de Vénus était tiré par deux colombes, allégorie pleine de douceur et de délicatesse, de grâce et d'aménité. Sertorius avait à ses ordres une biche blanche, qui le suivait partout, même dans les batailles, et qui le mettait en commerce avec les Dieux.

L'exemple de Clovis trouva des imitateurs dans presque tout le royaume. Saint Remi mourut au mois de janvier 533, et, jusqu'à la révolution, son corps a été conservé tout entier dans l'abbaye

C'est sous la forme d'un pigeon que le Saint-Esprit, le jour de la Pentecôte, descendit sur les apôtres, et, par le don des langues, les rendit tout-à-coup érudits et aptes à parler tous les idiomes connus dans l'univers; c'est encore un pigeon qui fit la fortune de Mahomet, qui se disait en être inspiré; mais, le plus adroit et le plus habile de tous, ce fut sans contredit Numa, puisqu'il avait fait choix, pour communiquer avec lui, et dans un bois sacré, d'une déesse, la nymphe Égérie, qui, déité à part, était une très-jolie et très-aimable femme, si l'art numismatique * n'est point un art trompeur.

* Science des médailles.

qui porte son nom, enfermé dans une châsse qu'un prieur de l'ancienne observance de Saint-Benoît, et les Bénédictins de Saint-Maur ont fait confectionner à leurs frais.

Depuis le couronnement de Louis VII, dit le Jeune, fait à Reims, tous les rois ses successeurs y ont été sacrés, si toutefois on en excepte celui

Qui fut de ses sujets le vainqueur et le père,

Henri IV, lequel à cause des circonstances qui accompagnèrent le commencement de son règne, fut sacré à Chartres, avec une huile sainte, conservée à Marmoutiers (1), près de la ville de Tours.

---

(1) Cette belle abbaye, qui rappelle et la trop fameuse affaire du collier, et l'exil de l'archevêque de Strasbourg, le cardinal de Rohan, est détruite, et, au milieu de ruines déplorables, il n'existe plus

L'église de Reims est le siége archiépiscopal le plus beau et le plus illustré du royaume. Cette église, on ne peut le nier, puisqu'elle a survécu au vandalisme de 1793, est d'un gothique admirable, et son portail a de tout temps mérité l'attention des curieux, et des véritables amis des arts.

Il y avait à Reims deux abbayes célèbres de Bénédictins, de la congrégation de Saint-Maur : l'une était Saint-Remi, l'autre Saint-Nicaise, nom illustre sur lequel, ainsi que sur celui de Nicodême, on a, à tort, jeté du ridicule.

C'est dans l'église de la première de ces abbayes qu'était déposée l'huile

qu'un élégant escalier, d'une construction hardie, et sans point d'appui, que les voyageurs ne manquent jamais d'aller visiter.

sainte qui servait au sacre de nos rois, et elle était conservée dans le tombeau même de saint Remi.

L'abbaye de Saint-Nicaise est digne de l'attention particulière des voyageurs. Son église doit ses réparations et ses embellissemens à D. Doulcet qui en a été procureur.

On y voit, non sans étonnement, un pilier qui est sensiblement agité par le son d'une cloche de la tour, et, dans la nef, on a long-temps admiré le tombeau de Jovien, qu'on croit avoir été l'un des fondateurs de ce temple élevé au vrai Dieu, « D. O. M. » Notons en passant que Jovien avait été préfet de la milice romaine dans les Gaules.

Il y avait encore à Reims d'autres abbayes distinguées, mais dont les bornes d'une simple notice ne nous permettent pas de parler. Son présidial a été renommé, aûtant, au moins, que l'ont été depuis les autres tribunaux du département de la Marne, mais son université, fondée en 1547, remplacée depuis par un lycée impérial, ne s'est pas fait un grand honneur, en donnant pour cent écus, aux dévanciers des membres de la Société des Bonnes-Lettres, bâtards des Belles-Lettres, des certificats de capacité.

Toujours attachée à ses rois légitimes, la ville de Reims a donné un bien sincère témoignage de son amour pour le prédécesseur de Louis XVI, en faisant élever une statue pédestre, à sa glorieuse mémoire (1). Cette statue,

(1) Deux figures, représentant la ville de Reims et le Commerce, embrassaient le piédestal, car Louis XV, et c'est une justice qu'on ne peut lui refuser, plus grand, plus généreux et plus magnanime que

chef-d'œuvre de sculpture, est de Pigale, qui en a fait les dessins, et a indiqué en même temps les décorations et les embellissemens dont Reims était et est encore susceptible.

Louis XIV, dédaigna toujours d'enchaîner des esclaves au pied de ses statues.

FIN.

TABLE DES MATIÈRES.

Préface.	Pag. 1
Notice historique sur la ville de Reims.	1
Faubourg Saint-Martin.	56
La Villette.	58
Aubervilliers.	61
La Cour-Neuve.	63
Le Bourget.	64
Pont-Yblon.	65
Bonneuil.	67
Gonesse.	68
Le Tyllay.	70
Vanderlan.	71
Roissy.	72
Mortières.	73
Le Mesnil-Amelot.	74

Villeneuve-sur-Dammartin. Pag.	75
Longpérier.	76
Dammartin.	79
Rouvres-sous-Dammartin.	83
Lagny-le-Sec.	84
Le Plessis-Belleville.	85
Nanteuil-le-Haudouin.	86
Peroye.	88
Boissy.	89
Crépy.	90
Lévignan.	71
Ormoy.	93
Gondreville.	94
Vaucienne.	96
Vaussy.	97
Puiseux.	97
Villers-Coterets.	98
Châteaudun.	137
Saconin.	138
Vaubuin.	139
Soissons.	141
Billy.	149

DES MATIÈRES.

Venizelle. Pag.	150
Sermoise.	151
Augy.	153
Braine.	153
Coursel.	154
Paars.	155
Fismes.	157
Magneux.	160
Courlandon.	161
Breuil.	163
Bransecourt.	163
Étang des Mortes-Eaux.	164
Sapicourt.	165
Muison.	166
Garenne-de-Gueux.	167
Thilloys.	169
Champigny. — Saint-Brice.	171
Reims.	173

FIN DE LA TABLE DES MATIÈRES.

www.ingramcontent.com/pod-product-compliance
Lightning Source LLC
Chambersburg PA
CBHW061300110426
42742CB00012BA/1991